GESTÃO DA INOVAÇÃO E DO CONHECIMENTO

Uma Perspectiva Conceitual dos Caminhos para o Progresso

ISABEL CRISTINA DOS SANTOS

GESTÃO DA INOVAÇÃO E DO CONHECIMENTO

Uma Perspectiva Conceitual dos Caminhos para o Progresso

Freitas Bastos Editora

Copyright © 2023 by Isabel Cristina dos Santos

Todos os direitos reservados e protegidos pela Lei 9.610, de 19.2.1998.
É proibida a reprodução total ou parcial, por quaisquer meios, bem como a produção de apostilas, sem autorização prévia, por escrito, da Editora.
Direitos exclusivos da edição e distribuição em língua portuguesa:
Maria Augusta Delgado Livraria, Distribuidora e Editora

Direção Editorial: Isaac D. Abulafia
Gerência Editorial: Marisol Soto
Diagramação e Capa: Madalena Araújo

Dados Internacionais de Catalogação na Publicação (CIP) de acordo com ISBD

S237g	Santos, Isabel Cristina dos
	Gestão da Inovação e do Conhecimento: uma perspectiva conceitual dos caminhos para o progresso / Isabel Cristina dos Santos. - Rio de Janeiro, RJ : Freitas Bastos, 2023.
	288 p. : 15,5cm x 23cm.
	ISBN: 978-65-5675-323-2
	1. Administração. 2. Gestão. 3. Inovação. 4. Conhecimento. I. Título.
2023-1964	CDD 658.4063
	CDU 658.011.4

Elaborado por Vagner Rodolfo da Silva - CRB-8/9410

Índice para catálogo sistemático:
1. Administração : Inovação 658.4063
2. Administração : Inovação 658.011.4

Freitas Bastos Editora
atendimento@freitasbastos.com
www.freitasbastos.com

DEDICATÓRIA

À minha família, aos meus colegas de pesquisa, orientandos e a todos aqueles que, de alguma forma, depositaram em mim a esperança de representá-los com lisura, zelo e elegância. Em particular, dedico aos professores de toda a minha jornada acadêmica, nas figuras da Professora Célia Maria Mariano de Barros, da escola primária, e do Professor Antônio Lázaro de Pádua, do Ginásio Estadual do Jardim Piratininga, que acenderam as primeiras luzes no meu caminho.

Em especial, dedico este livro aos meus amados e amáveis, esposo, Paulo Renato de Morais, e filho, Paulo Vitor de Morais por serem mais do que meu porto seguro nessa graciosa aventura que é viver.

DEDICATÓRIA

APRESENTAÇÃO

Inovação e Gestão do Conhecimento são temas centrais hoje, não apenas do ponto de vista da pesquisa acadêmica, mas também das estratégias corporativas e da formulação de políticas públicas – principalmente aquelas destinadas ao desenvolvimento industrial em uma economia digital, sustentável, globalizada e pós-fordista.

A autora vem trabalhando neste tema ao longo de toda a sua profícua trajetória acadêmica e profissional. Tive o prazer de conhecê-la e de ter sido seu orientador no Programa de Pós-Graduação em Engenharia de Produção na Escola Politécnica da USP, no início dos anos 2000.

Sua tese de Doutorado trouxe significativa contribuição, ao propor um modelo estruturado de análise do processo de geração do conhecimento e inovação em um setor estratégico da indústria de base tecnológica, debruçando-se sobre uma empresa paradigmática do setor aeronáutico no Brasil: a Embraer. Nesta empresa, a propósito, a autora obteve uma experiência executiva singular na área de Educação, Treinamento e Desenvolvimento.

A fundamentação teórica do seu doutorado teve no modelo um dos mais importantes centros de pesquisas tecnológicas do mundo, a Associação Fraunhofer da Alemanha, um de seus principais pilares. Sua formação acadêmica foi aprimorada com um programa de Pós-Doutorado em Gestão da Inovação Tecnológica e Economia da Inovação em importante centro de pesquisas do setor aeronáutico, o ITA em São José dos Campos. Essa sólida formação acadêmica, aliada a uma experiência profissional diferenciada, permitiu a Isabel desenvolver uma carreira acadêmica invejável, como docente no ensino superior, orientadora e pesquisadora no campo da Gestão do Conhecimento e da Inovação Tecnológica. Participou intensamente do núcleo de pesquisa por mim coordenado, contribuindo sobremaneira em várias frentes da atuação do Redecoop – núcleo de pesquisa Redes de Cooperação e Gestão do Conhecimento. Mais recentemente, participou como pesquisadora do Grupo de Pesquisa em Inovação e Sustentabilidade da USCS (Universidade Municipal de São Caetano do Sul) e coordenou projetos na linha de pesquisa Sistemas e Redes de Inovação.

A busca incessante por conhecimento tem marcado a vida em sociedade. Com o rápido processo de transformação tecnológica, um dos maiores desafios que se coloca para a sociedade moderna refere-se ao processo de transformação do conhecimento científico em tecnologia e, na sequência, sua aplicação para a geração de inovação de produtos e processos. A propósito, tal processo vem impondo profundas alterações nas estruturas organizacionais das empresas e organizações públicas, tendo em vista a busca por maior poder de competitividade destas e, por outro lado, contribuições capazes de proporcionar melhores condições de vida à maioria.

A presente obra, Gestão da Inovação e do Conhecimento: uma perspectiva conceitual dos caminhos para o progresso, traz uma contribuição original, com base em uma rica e profunda revisão da literatura pertinente ao tema. Com estrutura e organização impecáveis, a sequência dos capítulos trata do assunto de forma muito clara, concisa e agradável. Os boxes, contendo explicações mais detalhadas sobre autores, e a apresentação de casos notáveis em cada capítulo, ilustram muito bem cada um dos aspectos relevantes do livro. Desde o início o leitor é convidado a entender toda a lógica de pensamento da autora, a partir do Mapa Mental da Obra, evidenciando a sequência lógica e as articulações entre os capítulos.

Especial destaque cabe à discussão sobre elementos centrais da obra e que constituem o cerne da nova economia e sociedade do conhecimento, informacional e pós-industrial: o capital intelectual e o capital humano. Na base de toda esta discussão, Isabel Cristina recupera o papel central da Educação de qualidade e reforça o debate sobre os grandes desafios que se colocam para a sociedade dos dias atuais, em especial para os países menos desenvolvidos. Partindo da experiência exemplar da "Coreia do Sul, que já na década de 1960 percebeu na Educação importante alavanca de progresso industrial, que com seus investimentos continuados possibilitaram ao país inverter sua pauta de exportação de produtos de baixo conteúdo tecnológico para alta tecnologia em pouco mais de 20 anos", a autora reforça a provocação para os líderes e autoridades brasileiros, lembrando que o "Brasil ocupa o 53º lugar em educação geral entre 65 países avaliados pelo PISA, ou seja, o país investe altas quantias em inclusão de alunos nas escolas, em facilitação no acesso, mas peca em oferecer um ensino de qualidade".

Especificamente sobre a questão dos sistemas de inovação, lembra a autora, ainda, que o domínio tecnológico é um indicador da maturidade de tais sistemas e que países que definem as fronteiras tecnológicas são considerados possuidores de "sistemas de inovação maduros". São os casos de Estados Unidos, Alemanha e Japão. Já França, Reino Unido e Itália apresentam "sistemas de inovação denominados de intermediários".

Na perspectiva do processo de desenvolvimento brasileiro, a autora discute as íntimas relações entre o conhecimento científico e sua aplicação na inovação tecnológica. Destaca, neste sentido, a importância decisiva que o fomento à inovação ganha no Brasil com a criação de instituições fundamentais ("agentes de inovação") no processo de construção da Comunidade Científica no Brasil. Alguns marcos deste processo são: a criação da Universidade de São Paulo em 1934, da Sociedade Brasileira para o Progresso da Ciência (SBPC) em 1948 e do Instituto

Tecnológico da Aeronáutica (ITA) em 1950, e a construção de instituições de fomento à pesquisa, tais como: o Conselho Nacional de Desenvolvimento Científico e Tecnológico (CNPq), a Coordenação de Aperfeiçoamento de Pessoal de Nível Superior (CAPES) e a Fundação de Amparo à Pesquisa do Estado de São Paulo (FAPESP), todas criadas entre as décadas de 1950 e 1960. Mais recentemente, lembra a autora, destaque-se a relevância dos Fundos Setoriais de Pesquisa e da FINEP, além dos incentivos fiscais à inovação, com especial atenção à Lei da Inovação e à Lei do Bem. Em síntese, todo este conjunto constitui o Sistema Brasileiro de Ciência, Tecnologia e Inovação (vide Figura 5).

Neste contexto, é rica a discussão sobre o papel dos polos tecnológicos, que foram criados e se desenvolveram em regiões próximas aos centros de instituições de ensino e pesquisa tecnológica de excelência, como nos famosos casos norte-americanos do Vale do Silício, na Califórnia, e da Rota 28, em Boston. No contexto brasileiro, são ilustrativos os casos das regiões dos Parques Tecnológicos de Campinas e de São Carlos, o *cluster* aeroespacial de São José dos Campos, o ecossistema de tecnologia digital de Piracicaba, o ecossistema multivariado de conhecimento portador de futuro de Sorocaba (todos estes no estado de São Paulo), o Vale da Eletrônica no sul de Minas Gerais, o ecossistema de inovação em Tecnologia da Informação em Florianópolis, o tecnopolo de Porto Alegre/RS e o Porto Digital em Recife/PE.

Uma minuciosa e profunda análise sobre o conceito de inovação, partindo-se da visão schumpeteriana do conceito (inovação como processo de destruição criativa), e das diferenças entre inovação radical, inovação disruptiva e inovação incremental, é apresentada pela autora como base para a elaboração de estratégias tecnológicas (ofensiva, defensiva, imitativa, dependente, tradicional ou oportunista) e a construção de um modelo de Gestão da Inovação nas empresas. Nesta mesma linha de pensamento sobre o papel da empresa inovadora, chama a atenção para o alerta de especialistas de mercado, de que "mais do que a inovação em produtos e processos, a empresa inovadora é aquela que promove a cultura de inovação e o comportamento inovador dos gestores e estabelece a inovação como uma força motriz da estratégia empresarial e no comportamento organizacional como um todo". Complementa a autora, observando que todo este conceito de ambiente de inovação, ou "ecossistema de inovação", ou ainda "habitat de inovação", deve necessariamente contemplar os aspectos singulares típicos da "cultura, patrimônio histórico e da sociedade que interferem, com os seus legados, no nível de criatividade e modo de resolução de problemas".

Voltando-se para a dimensão da gestão do conhecimento nas empresas inovadoras, cabe especial menção feita pela autora sobre o processo de aprendizado do jeito mais difícil ou aprendizado gerado por situações extremas, tais como uma tragédia (o *learning the hardest way*). Para Isabel Cristina, sentimentos contraditórios podem surgir quando medidas de melhoria de processos ou de materiais derivam de tais situações. Porém, segunda ela, "é fato, que os momentos de culminância do conhecimento se dão frente a grandes embates, e não aproveitar tal experiência é, no mínimo, um grande desperdício". Seguindo esta linha de raciocínio, reitera que "é preciso aprender também com os fracassos e com falhas que tornam cruciais o funcionamento de determinados artefatos tecnológicos, às vezes muito acima da capacidade humana de contorná-los em (situação de) urgência e de resultados indesejados, exemplificando este processo com toda a história da indústria aeroespacial, que vem aprendendo permanentemente muito sobre aeronavegabilidade e segurança de voo, desde o primeiro voo comercial realizado em 1910".

Em outra vertente do tema, discutindo a relação entre "Conhecimento, Competências e Capacidades Organizacionais", a autora chama a atenção para as "cinco competências essenciais" (interdependentes): "a) o papel da liderança e intenção estratégica; b) a construção de um ambiente organizacional orientado para a inovação; c) pessoas talentosas, motivadas e criativas; d) processos de inovação institucionalizados; e, e) resultados obtidos". Para o melhor aproveitamento destas competências essenciais, enfatiza a necessidade de se definir "um modelo de inovação e de gestão do conhecimento que possa refletir o desenvolvimento de competências necessárias ao processo inovativo e à operacionalização dos conceitos que aflorem as capacidades inovativas e tecnológicas". Mais uma vez, aqui, a autora resgata o valor fundamental da educação como mola propulsora do desenvolvimento sustentável, referindo-se a um escrito no prédio da Biblioteca Pública de Boston, para refletir: "A comunidade requer a educação das pessoas como salvaguarda da ordem e da liberdade". Afinal de contas, reitera, "uma população com um nível de instrução mais elevada tende a eleger políticos mais responsáveis, preservar as instituições democráticas e respeitar a lei".

Inseridos no turbilhão das rápidas e profundas mudanças tecnológicas advindas da Quarta Revolução Industrial (*Big Data, Internet* das Coisas, Inteligência Artificial, Aprendizagem de Máquinas etc.) e pelas crescentes demandas socioambientais por uma economia de baixo carbono e mais solidária, os desafios para empresas, governos e cidadãos ganham uma dimensão jamais vista. Neste sentido, o processo de geração, difusão e absorção do conhecimento e, em especial, o conhecimento que se traduz em inovação, destaca-se como um dos maiores desafios para todos os agentes envolvidos no processo. A presente obra de Isabel Cristina dos Santos traz uma contribuição *sui generis*. Recomendo enfaticamente a leitura.

São Paulo, 22 de abril de 2023.

JOÃO AMATO NETO

Professor Titular (Sênior) do Departamento de Engenharia de Produção – POLI-USP, Presidente da Diretoria Executiva da Fundação Vanzolini e Coordenador do Núcleo de Pesquisa Redes de Cooperação e Gestão do Conhecimento – Redecoop.

SUMÁRIO

1. INTRODUÇÃO 19

2. ALINHAMENTO CONCEITUAL OU
CAMINHOS PARA O PROGRESSO 25

   2.1 REVOLUÇÕES TECNOLÓGICAS E NÍVEIS DE
PROGRESSO.. 30

   2.2 CAPITAL INTELECTUAL, CAPITAL HUMANO E A
SOCIEDADE PÓS-INDUSTRIAL................................... 42

   2.3 EDUCAÇÃO DE QUALIDADE 46

3 CIÊNCIA, TECNOLOGIA E INOVAÇÃO
NO BRASIL... 55

   3.1 FOMENTO À INOVAÇÃO NO BRASIL...................... 61

   3.2 FUNDOS SETORIAIS DE PESQUISA E A FINEP........ 63

   3.3 INCENTIVOS FISCAIS PARA A INOVAÇÃO............. 69

4 GESTÃO DA INOVAÇÃO E EMPRESAS
INOVADORAS 79

   4.1 EMPRESAS INOVADORAS.. 82

   4.2 FUNDAMENTOS E TIPOS DE INOVAÇÃO 85

4.3 TIPOS DE INOVAÇÃO QUANTO À FINALIDADE 100

4.3.1 INOVAÇÃO TECNOLÓGICA 100

4.3.2 INOVAÇÃO ORGANIZACIONAL 103

4.3.3 INOVAÇÃO SUSTENTÁVEL 105

4.3.4 INOVAÇÃO SOCIAL 107

4.3.5 INOVAÇÃO DE MARKETING 109

4.4 ESTRATÉGIAS TECNOLÓGICAS E A INOVAÇÃO .. 111

5 O PROCESSO DE INOVAÇÃO 121

5.1 MODALIDADES DO PROCESSO DE INOVAÇÃO .. 123

5.1.1 INOVAÇÃO FECHADA 123

5.1.2 INOVAÇÃO ABERTA 127

5.1.3 INOVAÇÃO SEMI ABERTA 130

5.2 MODELOS DE ARTICULAÇÃO PARA
A INOVAÇÃO 132

5.3 MODELOS DE INTERAÇÃO 136

6 AMBIENTES DE INOVAÇÃO 147

6.1 SISTEMAS NACIONAIS DE INOVAÇÃO 149

6.2 ECOSSISTEMAS DE INOVAÇÃO 152

6.3 ECOSSISTEMAS EMPREENDEDORES
E INOVADORES 157

6.4 FATORES CONDICIONANTES DA INOVAÇÃO 158

7 GESTÃO DO CONHECIMENTO 171

7.1 A TEORIA DO CONHECIMENTO 175

7.2 CONCEITOS E TIPOLOGIA
DO CONHECIMENTO 178

7.3 CONHECIMENTO, COMPETÊNCIAS E
CAPACIDADES ORGANIZACIONAIS 201

 7.3.1 CAPACIDADE ABSORTIVA 210

8. INOVAÇÃO, COMPETITIVIDADE E CONHECIMENTO 227

8.1 PESQUISA DE INOVAÇÃO
TECNOLÓGICA – PINTEC 235

8.2 A INOVAÇÃO E A COMPETITIVIDADE 247

8.3 CONHECIMENTO, HIATO E *CATCH UP*
TECNOLÓGICO 255

9 CONSIDERAÇÕES FINAIS 261

REFERÊNCIAS 265

1. INTRODUÇÃO

Uma das percepções mais contundentes do momento atual é a velocidade das mudanças. E a tecnologia propicia experiências humanas e de trabalho que seriam inimagináveis há algumas décadas. A esse movimento, dá-se o nome de aceleração contemporânea. E ela acontece em ritmos exponenciais.

> *Essa mudança exponencial está fazendo com que o mundo comece a funcionar de forma diferente em muitas áreas ao mesmo tempo e isso está acontecendo mais rápido do que fomos capazes de nos remodelar. Falo de nós mesmos, nossos líderes, nossas instituições, sociedades e nossas escolhas éticas. Órgãos legislativos e conselhos municipais estão lutando para se manter modernizados, as empresas de tecnologia estão impacientes com padrões desatualizados e as pessoas inseguras. E quando a velocidade da mudança é tão rápida, a única maneira de manter a capacidade de trabalhar é se dedicando aos estudos para se atualizar por toda a vida (SCHMOISMAN, 2022, s.p.)*

Os avanços tecnológicos obtidos no pós-guerra criaram uma nova divisão na economia mundial. Os temas inclusão e exclusão digital estão na ordem do dia em quase todas as sociedades. E os muros geograficamente estabelecidos estão sendo gradativamente superados pela crescente adesão às redes sociais e pela desintermediação das relações comerciais e pela mediação telemática.

Com isso, as relações sociais, econômicas e produtivas tornam-se cada vez mais maleáveis; o tempo, os lugares e os ofícios assumem o caráter de uma realidade líquida, volátil e fluída (BAUMAN, 2021). Mas, que também, se adapta mais facilmente às mudanças, enquanto busca fortalecer as capacidades de transformar as incertezas em oportunidades em um horizonte, também incerto.

Para isso, cooperam as novas tecnologias de informação, comunicação e os sistemas mineração de dados e de inteligência artificial que exploram a riqueza de dados com agilidade quase instantânea, conferindo alguma solidez à pós-modernidade.

O título desta obra, Gestão da Inovação e do Conhecimento: uma perspectiva conceitual dos caminhos para o progresso, reflete a intenção de valor entregue pretendido por este livro.

Além de oferecer conceitos e aplicações nos temas teóricos centrais, este livro tem por objetivo descrever uma trilha possível de progresso que encaminhe a passagem de empresas e localidades para um contexto de real competitividade e de sucesso.

Abre-se aqui, portanto, uma arena de debate teórico e de experiências sobre a Gestão da Inovação e do Conhecimento e as contribuições que ambos os temas conferem para a moderna Gestão de Negócios Empreendedores e Inovadores, abrangendo aspectos da Produção de Produtos e da Comercialização de produtos, serviços e processos inovadores.

Ao oferecer uma leitura conexa, cada capítulo destaca as contribuições para o entendimento dos tópicos seguintes, de modo a evidenciar os vínculos entre os temas tratados. Dessa forma, espera-se contribuir para a estimativa do esforço necessário e, obrigatoriamente, interativo para a Gestão da Inovação e da Gestão do Conhecimento.

O objetivo deste livro é contribuir com estudantes, professores, gestores públicos e privados e demais agentes para a compreensão de que a inovação conhecimento são temas essenciais para a construção do futuro dos empreendimentos e das capacidades organizacionais.

INTRODUÇÃO

Assim, a partir desta introdução, que é o Capítulo 1, dá-se início ao debate multifuncional acerca da Gestão da Inovação e da Gestão do Conhecimento como alicerces da competitividade das empresas, com ênfase no papel dos diversos agentes envolvidos.

O capítulo 2 oferece as premissas essenciais da obra, o capítulo Alinhamento Conceitual ou Caminhos para o Progresso, combina autores clássicos e contemporâneos que postulam a emergência do conhecimento e da inovação, como uma mola propulsora do crescimento de empresas e regiões, com destaque às chamadas revoluções tecnológicas, às oportunidades para recrudescimento do movimento empreendedor nacional no desenvolvimento de produtos e serviços com conteúdo tecnológico, além do esforço de geração do capital intelectual e humano que liderarão os processos de inovação.

O capítulo 3 descreve a construção da infraestrutura de Ciência, Tecnologia e Inovação – CT&I – em apoio aos esforços nacionais de inovação, sobretudo, as de caráter industrial e mercadológico. Ao apresentar as fontes de fomento à inovação, de forma não exaustiva, a obra descreve a fonte de recursos que muitas vezes são pouco divulgados ou, eventualmente, inacessíveis às organizações de pequeno e médio porte, e que respondem ao dilema do financiamento da Pesquisa e Desenvolvimento – P&D – para aplicação industrial.

O capítulo 4 apresenta a função da Gestão da Inovação em empresas inovadoras, tendo como fundamento o empreendedorismo tecnológico que caracteriza as empresas inovadoras e a necessidade de monitoramento ambiental contínuo que é, por sua vez, um fator crítico para o estabelecimento das estratégias de inovação e das alianças possíveis em P&D. Este capítulo, ainda, descreve conceitos de inovação, tipos de inovação e modelos de interação, úteis para compor a estratégia inovativa em empresas de base tecnológica ou dependentes de alta tecnologia.

O capítulo 5 descreve o processo de inovação, sua tipologia a partir do nível de abertura do processo à participação de terceiros; apresenta os modelos de articulação e de interação para a inovação.

O sexto capítulo explora os ambientes de inovação, sistemas e ecossistemas de inovação e de empreendedorismo inovador e respectivos atores, destacando os fatores condicionantes da inovação.

O sétimo capítulo trata da Gestão do Conhecimento, trazendo a Teoria do Conhecimento, conceitos e tipologia e seu efeito sobre a formação de competências e de capacidades organizacionais, destacando a capacidade absortiva que é habilitadora dos processos de inovação em produtos, processos e serviços.

O oitavo capítulo relaciona os temas Inovação, Competitividade e Conhecimento, trazendo dados da última Pesquisa de Inovação Tecnológica, e comentando os avanços, e eventuais retrocessos, da inovação no Brasil, tendo a competitividade como pano de fundo. Como um capítulo de contrastes, nele se discute a distância do nível tecnológico brasileiro em relação aos países, indicando os critérios que podem projetar a nação rumo às fronteiras tecnológicas, desde que as barreiras sejam superadas mediante um plano de desenvolvimento industrial e de inovação.

No nono capítulo são apresentadas as considerações finais em relação aos temas debatidos ao longo da obra.

A Figura 1 oferece uma síntese desta obra e a contribuição de cada capítulo para a construção de uma compreensão que conecte, com graça e razoável leveza, os principais temas abordados.

INTRODUÇÃO 23

Figura 1 – Mapa Mental da Obra

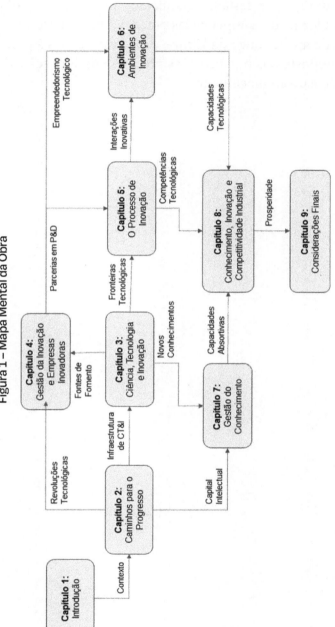

Fonte: A Autora

Na Figura 1, dá-se destaque à contribuição de cada capítulo, descrita na forma de competências potencialmente percebidas como essenciais, ao longo da leitura, e imprescindíveis à prontidão de resposta das organizações por meio da inovação, da informação e do conhecimento.

2. ALINHAMENTO CONCEITUAL OU CAMINHOS PARA O PROGRESSO

A riqueza de uma sociedade é determinada pela disponibilidade de recursos naturais, estoque de capital disponível (máquinas, equipamentos, instalações etc.) e volume e grau de qualificação de sua mão de obra. A tecnologia estabelece como estes fatores poderão ser combinados para a produção de bens e serviços.

A tecnologia é um fator exógeno ao desenvolvimento, estando relacionado à simples e natural evolução dos mercados, que respondem ao crescimento da poupança e do investimento. Para os autores schumpeterianos, a tecnologia é a principal arma dos empresários e do próprio governo para a promoção de competitividade e progresso social.

As nações mais industrializadas são aquelas que lograram êxito ao criar uma base diversificada de atividades econômicas, tendo em perspectiva a produção industrial de bens com conteúdo tecnológico. Assim, é possível inferir que para o desenvolvimento econômico e social, as variáveis que integram essa equação devem considerar; a educação de qualidade, nos níveis técnicos e tecnológicos, em áreas que são diretamente relacionadas ao desempenho da indústria, e com ela, o aumento da capacidade de inovação em produtos, processos, serviços, materiais e nos modelos de negócio e de mercado.

Assim, o conhecimento e a inovação são variáveis de alto valor ao desenvolvimento e, ao longo do tempo, estratégias robustas na expansão das duas capacidades têm força indutora do chamado progresso social e econômico, que sintetizaremos no termo prosperidade. Em geral, ao avaliarmos a posição dos países no *ranking* das maiores economias mundiais e compararmos com o Índice de Desenvolvimento Humano – IDH, teremos uma noção mais precisa do nível de prosperidade que esses países alcançaram, de fato.

A prosperidade é um índice bem representativo do progresso de uma nação, pois avalia, entre outros indicadores, a riqueza, o crescimento econômico, bem-estar da sociedade e a qualidade de vida dos cidadãos. Mais do que isso, a prosperidade avalia o florescimento de uma sociedade em bases cada vez mais igualitárias, nas diversas nuances que caracterizam o desenvolvimento socioeconômico de um povo.

O florescimento da prosperidade apoia-se no empoderamento dos cidadãos, que se tornam responsáveis pela geração de bem-estar e riqueza, de moto contínuo. Dentre as várias características de uma sociedade próspera destacam-se a liberdade empresarial para o empreendedorismo, exercício da livre concorrência e geração de inovação; e a aprendizagem que estabelece acesso à educação de alta qualidade para que os cidadãos possam atingir o seu potencial, livres de uma vida precária e empobrecida. Outro fator é o cuidado com o ambiente natural, mantendo uma herança responsável e valiosa para as futuras gerações.

O empreendedorismo, especificamente aquele de caráter tecnológico, tem sido apontado como um fator de alta relevância para o crescimento econômico das localidades em que se instala. Na obra do economista austro-americano Joseph Alois Schumpeter, o empreendedorismo é descrito como o motor do crescimento econômico e como responsável pela ruptura nos padrões de consumo. Por extensão, o empreendedorismo tem o condão de promover importantes mudanças no comportamento da sociedade, e na geração de emprego e renda.

Em 1999, pesquisadores do *Babson College* (Massachusetts, Estados Unidos) em parceria com pesquisadores do *London Business School* (Londres, Reino Unido) implementaram o principal e mais abrangente estudo acerca do empreendedorismo global. Para efeito de análise, a atividade empreendedora, foram adotados dois grupos de análise: a) o empreendedorismo por oportunidade; e, b) o empreendedorismo por necessidade.

No primeiro grupo, estão aqueles profissionais que, por capacidade de pesquisa e análise, identificaram uma oportunidade de abertura de um negócio novo, ou mesmo, um nicho de mercado pouco explorado, e decidiram estabelecer nesse segmento uma alternativa para geração de emprego e renda. No segundo grupo, os empreendedores abrem uma atividade comercial, por falta de melhores e mais seguras opções no mercado de trabalho. E essa atividade será voltada a gerar rendimentos de subsistência própria e da sua família.

É sabido que "países com baixo PIB *per capita,* pouco dinâmicos e onde a oferta de empregos assalariados é incipiente, tendem a apresentar uma elevada taxa de empreendedorismo inicial por necessidade" (SEBRAE, 2017, s/p). E o oposto é verdadeiro. Países prósperos apresentam altas taxas de empreendedorismo por oportunidade, e decorrentes do transbordamento de conhecimento das universidades, pela formação de recursos humanos de alta qualificação; dos projetos de pesquisa científica e acadêmica, chamados de *spinoffs* acadêmicas.

De forma resumida, os *spinoffs* acadêmicos são geralmente originários dos ambientes de pesquisa científica ou acadêmica e responsáveis por novas descobertas capazes de serem aplicadas ou que criam novos produtos, processos e serviços, também, por transbordamento das atividades empresariais.

Os *spinoffs* empresariais referem-se à criação de novas empresas ou desdobramento das atividades empresariais atuais em novos negócios, em geral, relacionados ao perfil estratégico da empresa, que, ao longo do tempo, pode tornar-se um grande conglomerado de empresas empreendedoras. Esse é o caso da empresa Raytheon Company, uma empresa que já teria gerado mais de mil *spinoffs* empresariais (WRIGHT, KROLL E PARNELL, 2000).

Criada em 1922, em Cambridge, estado de Massachussets, Estados Unidos, como uma empresa de equipamentos elétricos, a Raytheon Company, atualmente Raytheon Technologies, transformou-se em um conglomerado de empresas tecnológicas orientadas para a inovação tecnológica e de negócios ao longo do tempo, tornou-se a 84ª empresa do mundo com US$ 147.02 bilhões em valor de mercado (COMPANIES MARKET CAP, 2023).

O conglomerado Raytheon emprega, globalmente, 174 mil empregados (MACROTRENDS, 2021), vem atuando nos setores de alta intensidade tecnológica como Aeroespacial, Defesa, Segurança da Informação e Eletrônicos. A localidade onde a empresa foi fundada abriga algumas das melhores instituições de ensino superior do mundo, como Harvard e Massachusetts Institute of Technology (MIT), e de, pelo menos, 258 pesquisadores agraciados com o prêmio Nobel nas duas instituições citadas.

Há uma estreita relação entre o empreendedorismo e o conhecimento tecnológico. Essa relação pode explicar o surgimento de empresas iniciais – *startups* – na área de tecnologias de informação e comunicação, por exemplo. Frequentemente essas atividades estão embarcadas em aceleradoras de empresas ou incubadores tecnológicas, parques tecnológicos ou, ainda, em uma mescla desses ambientes, integrados geográfica ou tecnologicamente, e que são denominados ecossistemas empreendedores e inovadores, também discutidos nesta obra.

A história econômica, a partir de meados do século XX, tem exaltado duas figuras relevantes ao crescimento econômico: o empreendedor e as mudanças tecnológicas. Definida como destruição criativa, termo cunhado por Schumpeter, essa ação é baseada em uma inovação transformadora ou de ruptura, trazida pelo empreendedor que, ao criar novos produtos ou processos industriais, rompe com a lógica vigente no consumo e na produtividade, repercutindo mudanças relevantes no padrão econômico.

Para Schumpeter (1982), o empreendedor é o agente que introduz a inovação, gerando desequilíbrio na economia de fluxo circular e, com isso, provoca crescimento no sistema econômico. E essa evolução econômica se caracteriza por rupturas e descontinuidades com a situação presente e se devem à introdução de novidades na maneira do sistema funcionar.

E é fato reconhecido que o conceito de destruição criativa explica mudanças tecnológicas, sociais e no padrão educacional, abrindo novos campos de conhecimento. A mudança do padrão analógico para digital e a sua adoção plena é um bom exemplo da destruição criativa.

A intensidade da mudança tecnológica fundamenta novos padrões de vida do consumidor comum, por um lado, e por outro, secciona o mercado de consumo em razão de acesso, disponibilidade financeira para consumo e entendimento do artefato inovador como um bem valioso para a sociedade. Do ponto de vista econômico, a inovação é tão melhor sucedida quanto maior for o seu consumo. Esse é o caso da telefonia móvel. Do ponto de vista social, o seu sucesso advém do benefício que as inovações podem trazer para a sociedade. Esse é o caso das vacinas e dos medicamentos.

Sob ambas as análises, a introdução da plataforma Uber provocou mudanças consideráveis no setor de transporte de passageiros, criando adicionalmente, uma oportunidade de trabalho e renda para os proprietários de carros e uma economia importante para os usuários do serviço, com perdas para os prestadores de serviço de táxi, com conflitos significativos entre as duas modalidades de transporte de passageiros.

Compreender a inovação como um fator essencial para o desenvolvimento das sociedades e das nações é examiná-la como um fenômeno de acumulação de conhecimento que tem como ponto de culminância a entrega de novas tecnologias, novos produtos, novos processos e serviços, ou novas formas de organizações e de mercados. Assim, pode-se inferir que a inovação, como um fenômeno, é sempre uma condição evolucionária e, no limite, revolucionária.

2.1 REVOLUÇÕES TECNOLÓGICAS E NÍVEIS DE PROGRESSO

Um grupo de pesquisadores da Universidade de Sussex, no Reino Unido, vinculados à Unidade de Pesquisa de Política Científica, no inglês *Science Policy Research Unit – SPRU*, denominados neoschumpeterianos, têm estudado acerca da "mudança transformadora de longo prazo, na política científica e na inovação em diferentes setores, sociedades e estruturas" (SPRU, 2023). Dentre as várias contribuições desse grupo está a sintetização das principais ondas de mudança econômica tendo como base a mudança tecnológica.

Inspirados na obra do economista russo Nicolai Kondratyev (1892 – 1938) sobre os ciclos econômicos na União Soviética, tendo como objeto a produção agrícola e o preço do cobre, e cujo declínio indicava o momento de surgimento de uma inovação tecnológica e da evolução que ocorreria entre um e outro ciclo.

Quem foi Kondratyev?

Nikolay Dmitriyevich Kondratyev, (4 de março de 1892 – 1938), economista e estatístico russo conhecido entre os economistas ocidentais por sua análise e teoria dos principais ciclos de negócios, em longos períodos de 50 a 60 anos, – as chamadas Ondas de Kondratieff.

Kondratyev estudou na Universidade de São Petersburgo. Ele foi membro do Partido Socialista Revolucionário Russo de 1917 a 1919. De 1920 a 1928 lecionou na Academia Agrícola Timiriazev e foi diretor do Instituto para o Estudo da Atividade Empresarial. Ele estabeleceu contato com agências econômicas estrangeiras, e em 1924 lecionou nos Estados Unidos e na Grã-Bretanha. Durante este período, ele ajudou a desenvolver o primeiro dos planos quinquenais soviéticos, bem como a elaborar a metodologia para a análise dos fatores econômicos que estimulariam o crescimento econômico soviético.

Embora ele tivesse aprovado a Nova Política Econômica (1921-28), ele se opôs à coletivização total da agricultura e criticou o desenvolvimento desproporcional da indústria e da agricultura no plano de Joseph Stalin, que acabou sendo implementado.

Em 1928, ele foi demitido de seu posto no instituto e dois anos depois foi preso sob a acusação de liderar o Partido dos Trabalhadores Camponeses, e em 1931 ele foi julgado e condenado a oito anos de prisão. Em 1938, sua sentença foi revista, e ele recebeu a pena de morte. A data e o local de sua morte são desconhecidos.

Em 1987, juntamente com muitos outros julgados por falsas acusações, Kondratyev foi inocentado de todas as acusações contra ele.

Fonte: Texto extraído, traduzido e adaptado de Encyclopaedia Britannica. Disponível em https://www.britannica.com/biography/ Nikolay-D-Kondratyev. Acesso em 27 mar. 2023.

O estudo de Kondratyev considerou os períodos de crescimento (*boom*) relativamente rápido do produto, que apontavam recuperação e prosperidade, com períodos de relativa estagnação ou declínio, contração ou recessão.

Os ciclos, conhecidos como Ondas-K, inspiraram a pesquisa de Schumpeter, e seguiu inspirando os pesquisadores neoschumpeterianos que identificaram as características das mudanças e os aspectos relacionados às descobertas na Ciência, Tecnologia e Educação, nos meios de transporte e de comunicação da época e no modelo de energia adotado pelas indústrias.

Resumidamente, as mudanças econômicas são impulsionadas por inovações tecnológicas de ruptura. Julio (2012, p. 11) considera que as inovações de ruptura, ou disruptivas, deram origem às revoluções industriais e ao "mundo moderno em que vivemos, como a Máquina a Vapor e a Eletricidade, identificados por Freeman e Perez (1988) como os propulsores de grandes ciclos econômicos que transformaram certos países em potências econômicas".

No modelo Ondas-K, essas mudanças ocorrem em ciclos longos, entre 50 e 60 anos, e que têm o condão de provocar o surgimento de novas indústrias. E, ao longo da curva de maturidade das novas tecnologias, novos artefatos, inclusive acessórios e de caráter evolucionário, permitem explorar o mercado em ciclos menores, até que uma nova descoberta tecnológica origine um novo ciclo longo. O que se observa é a aceleração dos ciclos de desenvolvimento de tecnologias e do deslocamento das fronteiras tecnológicas, como apresenta a Figura 2.

Figura 2 – Ondas da Mudança Tecnológica

Ondas		Desenvolvimento de Ciência, Tecnologia e Educação	Meios de transporte e comunicação	Modelo de Energia Industrial
I	1ª Fase da Revolução Industrial (1780 – 1830)	Sociedade científica na pesquisa básica	Barcos e navios Carroça	Moinho de água
II	2ª Fase da Revolução Industrial (1830 – 1880)	Fortalecimento da Engenharia Mecânica e Civil	Estradas de ferro e telégrafo	Energia a Vapor
III	3ª Fase da Revolução Industrial (1880 – 1930)	Criação de laboratórios de Pesquisa e Desenvolvimento – P&D. Fortalecimento da área de Química	Ferrovias feitas de aço, metrô, carro, avião. Invenção do telefone Hidrelétrica	Energia Elétrica
IV	Era da Produção em Massa Fordismo (1930 – 1980	P&D Industrial amplo. Educação em Massa	Rodovias, telefonia móvel Rádio, televisores e computadores	Energia Elétrica Petróleo
V	Era da Microeletrônica (1980 em diante)	Criação de Redes de Dados, Redes Globais de P&D, Treinamento Contínuo	Telecomunicação em rede Multimídia	Petróleo e gás
VI	Tecnologias Ambientais e de Saúde (1990 em diante)	Delineamento da Biotecnologia, Genética e Nanotecnologia	Rede mundial de computadores Telemática e Teletrabalho	Energia Renovável

Fonte: Adaptado de Freeman e Soete (2008)

Há, em cada onda, novas descobertas que caracterizam os novos ciclos. Ao estudar a ruptura do paradigma tecnológico envolvido, Perez (2009), pesquisadora neoschumpeteriana, avaliou que a mudança tecnológica, pela intensidade de aporte de novos conhecimentos é chamada de inovação radical, ocorrem em blocos e claramente envolvem:

a. Um insumo de baixo custo. Como foi a introdução do plástico no setor de embalagens, ao seu tempo, como um subproduto da exploração do petróleo.

b. Uma fonte de energia nova. A energia elétrica como base funcionamento de máquinas e equipamentos industriais

c. Um material crítico que co-determina as oportunidades, níveis de lucratividade e o feixe de trajetórias tecnológicas disponíveis. Como foi, em 1856, a descoberta da liga perfeita para a produção do aço para aplicação industrial, em vantajosa substituição ao ferro usado até então.

O que significa dizer que as revoluções tecnológicas são dependentes, em simultâneo, da ocorrência dessas três variáveis. Mas, há um fator adicional definido em pela pesquisa básica, que é aquela que ocorre expansão do conhecimento e alcance de progresso científico, ao longo de desenvolvimento em campos de conhecimento definidos. Há uma corrente de debate que considera a Internet das Coisas – IoT – como responsável pela 4ª fase da Revolução Industrial

Em geral, as revoluções tecnológicas são pontos de culminâncias no padrão de mudança tecnológica, mobilizada pela pesquisa básica sendo, portanto, fruto de acumulação de conhecimento. Mas, para efeito de inovação, o mercado, ou mudanças no comportamento do consumidor, pode ser uma força motriz do surgimento de novos artefatos. A Figura 3 sintetiza esse movimento.

Figura 3 – Padrões da Mudança Tecnológica

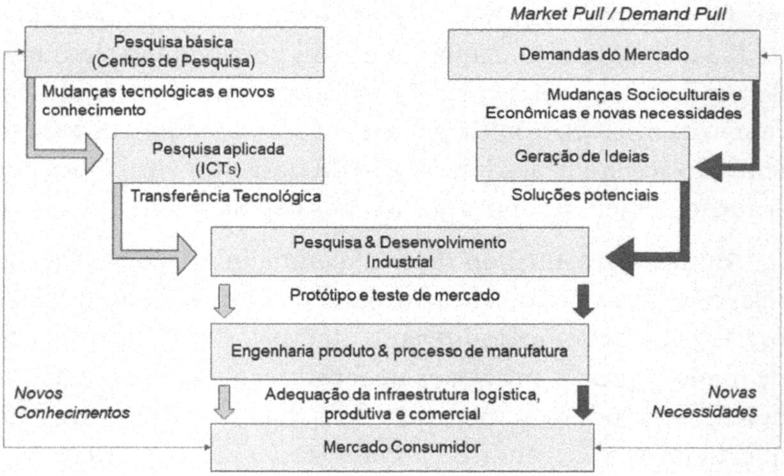

Fonte: Adaptado de Maçaneiro e Cunha (2011) e Dosi (2006)

As mudanças tecnológicas que impulsionam a inovação, como apresenta a Figura 3, são originadas de duas correntes: ou são compelidas pela Ciência e pelos avanços tecnológicos ou são impulsionadas por novas necessidades do mercado. Qualquer que seja o padrão da mudança, o meio de apropriá-lo é pela formulação de novos produtos, processos e serviços, tendo em perspectiva que a pesquisa tem caráter evolucionário e o mercado apresenta-se dinâmico e as suas exigências mudam com o tempo.

Entre a descoberta original e a oferta do artefato inovador existe uma lacuna de tempo, designada como ciclo de aplicação, que reflete o tempo necessário para apropriação do conhecimento e a sua conversão em um produto ou processo disponibilizado ao mercado.

A bateria, por exemplo, foi inventada em 1780 e somente disponibilizada ao mercado em 1859. Da mesma forma, o radar, que foi descoberto em 1887 chegou ao mercado somente no ano de 1934. A ciência contemporânea tem possibilitado a redução do tempo entre a descoberta e a aplicação junto ao mercado. No campo da microeletrônica, por exemplo, essa redução de tempos tem sido acelerada desde a criação do transistor em 1940, e que se tornou objeto de aplicação 10 anos depois.

Muitas vezes, quando se trata de uma inovação radical, ou seja, com força de transformar ou criar setores da indústria, é preciso criar condições infraestruturais – fonte suprimentos de matéria-prima, processos de fabricação e a rede de distribuição do produto ao mercado. Mas, há casos específicos em que a inovação depende de popularização de uma determinada tecnologia.

Um caso clássico, é a invenção da lâmpada incandescente ocorrida em 1879, e a necessidade de constituição de uma fonte de fornecimento de energia para sua adoção. Em 1882, foi construída a primeira usina hidrelétrica do mundo, no rio Fox, em Appleton, Wisconsin.

A infraestrutura produtiva da lâmpada elétrica foi criada em 1890, por Thomas Edison, ao fundar a empresa General Eletric para produção e comercialização da lâmpada incandescente em larga escala. E o ciclo de vida dessa inovação estendeu-se até 2009, quando se iniciou sua substituição pela tecnologia LED, acrônimo do termo inglês *Light-Emiting Diode,* em português

Diodo Emissor de Luz (SANTOS, 2021a) em razão de oferecer como vantagens: a economia de energia, em torno de 80%; a vida útil do produto é bastante longa, sem prejuízo da luminosidade; não emite radiação ultravioleta e não causa cansaço visual, entre outros benefícios.

É interessante destacar que para alcançar alguns padrões tecnológicos, é preciso experimentar diferentes níveis de progresso no conhecimento e na educação, encaminhando para níveis superiores de alcance de inovação. Os empreendedores são elementos-chave para a escalada do progresso.

O primeiro nível, chamado de progresso técnico ocorre quando há um aumento da produtividade em decorrência da implantação de novas técnicas, métodos e meios ao processo produtivo, reduzindo a quantidade de trabalho direto e indireto do trabalhador (BRESSER-PEREIRA, 1986). Assim, a adoção de inovação de processos de fabricação estabelece esse alcance.

Na perspectiva de Freeman e Soete (2008, p. 38-51), o progresso técnico seria o indutor de investimentos e de iniciativas empreendedoras, as quais ocorreriam em ondas, decorrentes dos ciclos de especialização do contexto externo e da capacidade de apropriação de conhecimento por inventores e pela oferta de novos artefatos tecnológicos ao mercado, responsáveis por novos padrões de consumo, e pelo crescimento econômico de uma localidade.

O nível seguinte é o de progresso tecnológico, no qual se observa existir uma forte correlação entre crescimento econômico e aumento de produtividade do setor manufatureiro. E ele se dá pela adoção de novas tecnologias trazidas as quais introduzem novos processos de produção e, consequentemente, inovação tecnológica. Quanto maior for o progresso tecnológico induzido pelo crescimento, e quanto mais elevadas forem as economias de escala, maior será a elevação da produtividade. E os impactos sobre a economia local, por sua vez, induzem ao desenvolvimento econômico.

O desenvolvimento econômico é o processo de sistemática acumulação de capital e de incorporação do progresso técnico ao trabalho e ao capital que leva ao aumento sustentado da produtividade ou da renda por habitante e, em consequência, dos salários e dos padrões de bem-estar de uma determinada sociedade. Definido nestes termos, o desenvolvimento econômico é um fenômeno histórico que passa a ocorrer nos países ou Estados-nação que realizaram sua Revolução Capitalista já que só no capitalismo se pode falar em acumulação de capital, salários, e aumento sustentado da produtividade (BRESSER-PEREIRA, 2006).

O fato de o desenvolvimento econômico ser decorrente da sistemática incorporação de novos conhecimentos e novas tecnologias, uma nação ou região, tende a ser compelida à expansão da infraestrutura educacional e de pesquisa e desenvolvimento, como meio de assegurar a formação de mão de obra qualificada para o setor produtivo e a constante progresso científico.

Segundo avaliam Oliveira e Silva e Bastos (2005), o progresso científico não ocorre apenas de forma linear e cumulativa, mas por profundas mudanças de percepção do mundo pelo conjunto da comunidade científica, da ocorrência das chamadas revoluções científicas. Assim, como afirmam os autores,

> Os paradigmas científicos têm como característica essencial o fato de serem compartilhados por toda a comunidade de cientistas de determinada especialidade, e de definirem, principalmente através de exemplos, um conjunto restrito de objetos de estudo pertinentes à ciência, sendo revistos apenas através das revoluções (OLIVEIRA E SILVA E BASTOS, 2005, p. 209).

O fato relevante é que a combinação sistemática dos níveis de progresso cria a diversidade no conjunto de atividades econômicas, nos variados setores da indústria, serviços e comércio, ampliando a oferta de trabalho qualificado e aumentando a renda dos trabalhadores, ao longo do tempo e, demandando um fluxo contínuo de investimentos em pesquisa e desenvolvimento e de apoio de políticas públicas. O resultado dessa combinação de fatores é a prosperidade social e econômica. E esse alcance expressa o nível mais elevado de progresso que uma nação pode alcançar por meio do trabalho.

A intensificação das atividades produtivas e comerciais tende a caracterizar a variedade de organizações de uma determinada região, relacionadas ou não, formando polos ou *clusters*, que podem ser classificadas em:

- **Organizações intensivas em trabalho**: caracterizadas pela predominância de mão de obra operacional e investimentos em infraestrutura produtiva, mantendo o foco na produtividade.

- **Organizações intensivas em capital**: tem por características estruturas flexíveis e adaptáveis e tendem a investir na qualificação da mão de obra e na mudança tecnológica. Respondem reativamente às tendências da inovação, com foco no custo.

- **Organizações intensivas em conhecimento**: são empresas baseadas na inovação e orientadas para a acumulação de conhecimento. Têm como foco a formação contínua de competências, que garantam a maior capacidade possível de atendimento às necessidades dos clientes. Buscam empregar recursos humanos de alta qualificação, em todos os níveis da sua operação.

Embora a necessidade de inovação alcance, em maior ou menor grau, empresas em todas as categorias de atividade, é importante observar que quanto maior for a demanda por aplicação de alta tecnologia, maior será o investimento em Pesquisa e Desenvolvimento – (P&D).

O Manual de Oslo (OCDE, 2005) destaca que as indústrias intensivas em Pesquisa e Desenvolvimento (P&D) são geralmente aquelas que mais rapidamente crescem. A maioria delas absolutamente não existia antes do século XX. No caso de indústrias como a eletrônica, aeroespacial, de medicamentos, de instrumentos científicos e de materiais sintéticos, está razoavelmente claro que essas taxas de crescimento extremamente elevadas estão estreitamente relacionadas a um fluxo de blocos de inovações técnicas.

No outro extremo, encontram-se indústrias em processo de declínio ou estagnação, com atividades pequenas ou nulas de P&D, e onde a maior parte da inovação técnica que ocorre origina-se do Exterior a partir de fornecedores de máquinas, equipamentos e matérias-primas (OCDE, 2005).

Para sistematizar a análise, e em razão do aporte de investimentos em P&D, a divisão de estudos de Desenvolvimento das Organizações Industriais das Nações Unidas (UNIDO, 2016) oferece a classificação de empresas por intensidade tecnológica:

- **Média-alta e alta tecnologia:** Produtos químicos e farmacêuticos; armas e munição; computadores e produtos ópticos e eletrônicos; equipamento elétrico; máquinas e equipamentos, veículos motorizados, *trailers e semi-trailers*; outros equipamentos de transporte exceto navios e barcos; instrumentos médicos e odontológicos;
- **Média tecnologia:** Borracha e artefatos de plástico; outros minerais não metálicos; metais básicos; barcos

e navios, produtos manufaturados com exceção de instrumentos médicos e odontológicos; máquinas e equipamentos de reparo e de instalação;

- **Baixa Tecnologia:** Alimentos e bebidas; tabaco; produtos têxteis, confecção de vestuário; artigos e acessórios de couro; madeira, produtos de madeira e cortiça; papel e papelão; produtos de impressão e de reprodução de gravações; coque e produtos derivados do petróleo, Produtos de metal manufaturados, exceto armas e munições; e mobiliário.

Essa classificação é revisada periodicamente, por meio de pesquisa, em relação aos investimentos em Pesquisa e Desenvolvimento aportados pelas empresas. E, ao logo do tempo, pelo acréscimo de novos tipos de organização produtiva, sobretudo, relacionadas às atividades intensivas em conhecimento e de alta intensidade tecnológica.

O progresso tecnológico obtido o investimento contínuo em P&D e em inovação tem sido estudada sob o arco de interesses da Economia Industrial e gerou um ramo específico de estudos denominado de Economia da Inovação Industrial. Esse novo ramo tem como principal objeto de estudo as inovações tecnológicas e organizacionais introduzidas pelas empresas para fazerem frente à concorrência e acumularem riquezas (KUPFER; HASENCLEVER, 2002).

Os pressupostos da Economia da Inovação sugerem que a riqueza de uma sociedade é determinada pela disponibilidade de recursos naturais, estoque de capital disponível (máquinas, equipamentos, instalações etc.) e volume e grau de qualificação de sua mão de obra. E a tecnologia estabelece como estes fatores poderão ser combinados para a produção de bens e serviços.

A tecnologia é um fator exógeno ao desenvolvimento, estando relacionado à simples e natural evolução dos mercados, que respondem ao crescimento da poupança e do investimento. Para os autores neoschumpeterianos, a tecnologia é a principal arma dos empresários e do próprio governo para a promoção de competitividade e progresso social.

2.2 CAPITAL INTELECTUAL, CAPITAL HUMANO E A SOCIEDADE PÓS-INDUSTRIAL

Uma das diversas interpretações dada ao termo "capital intelectual" é que ele se refere a uma capacidade construída pela mobilização de processos mentais – educação, conhecimento, criatividade, intelectualidade – que distinguem uma localidade ou comunidade ou organização, que utilizam essa capacidade para criar uma vantagem distintiva e, no recorte geográfico, uma identidade sociocultural, que promova alguma forma de riqueza econômica tanto para as pessoas quanto para as instituições, a partir da criação de elementos intangíveis.

Assim, sendo um amplo e virtuoso conjunto, o capital intelectual engloba: o capital humano, que são as pessoas e suas competências; o capital relacional, que abrange a capacidade de estabelecer relacionamentos interpessoais e interinstitucionais; e o capital estrutural, que é formado por instalações e itens patrimoniais. Ainda, compõem o capital intelectual as patentes e registros de propriedade intelectual e outros elementos de valor intangível como a reputação.

A Figura 4 apresenta uma análise feita por Kayo *et al.* (2006) que definem alguns dos ativos que integram o capital intelectual, sob a ótica da inovação

Figura 4 – Tipos de Ativos que compõem o capital intelectual

Ativos Humanos	• Conhecimento, talento, capacidade, habilidade e experiência dos empregados; • Administração superior ou empregados-chave; • Treinamento e desenvolvimento.
Ativos de Inovação	• Pesquisa e desenvolvimento; Patentes; • Fórmulas secretas; • *Know-how* tecnológico
Ativos Estruturais	• Processos; *softwares* proprietários; • Bancos de dados; SIG; SAI; SIM • Canais de mercado.
Ativos de Relacionamento (com públicos estratégicos	• Marcas; Logos; *Trademark;* • Direitos autorais • Contratos com clientes, fornecedores • Licenciamentos e franquias, • Direitos de exploração

Fonte: KAYO *et al.* (2006)

Dentre os ativos descritos na Figura 4, destacam-se o valor do conhecimento e das virtudes humanas desenvolvidos para enfrentamento dos desafios das empresas em ambiente de negócios orientados para a inovação. De fato, as principais organizações que observam as atividades de inovação nos países, tem destacado a importância fundamental do conjunto de saberes para as empresas, estendendo-o como um ativo de riqueza também dos países.

O Manual de Oslo (OCDE, 2005; 2018), por exemplo, destaca que o conhecimento científico e a capacidade nacional no campo da em engenharia são sustentáculos primários da inovação, avaliando que, na maioria dos países, esses elementos residem em instituições de ciência e tecnologia do setor público, envolvendo, portanto, a formação de recursos humanos de alta qualificação e o incentivo permanente à pesquisa acadêmica, nas universidades, e à pesquisa científica residente nos centros de pesquisa. Dessa forma, a produção global de conhecimento científico dessas instituições fornece um entendimento essencial e a base teórica para inovações comerciais.

Descreve ainda o Manual que, no campo das Ciências, os indivíduos tendem a ter um papel mais forte do que as instituições que os empregam. Em contraste, "a empresa" (e, por conseguinte, questões organizacionais como trabalho em equipe e estratégia) tende a ser mais importante que os indivíduos no campo da inovação e da tecnologia. Contudo, redes de indivíduos — e, portanto, muitos aspectos do comportamento social — são de importância-chave na transferência de informações, tanto entre cientistas, como entre os que estão envolvidos na produção de artefatos inovadores.

As instituições nacionais de ciência e tecnologia podem agir como condutores locais eficazes para esta base e podem fornecer o pessoal qualificado para preencher as posições-chaves envolvidas na inovação. Além disso, para boa parte da inovação, as instituições de ciência e tecnologia também fornecem as fontes de consultoria especializada, proveitosa interação e colaboração e significativo avanço tecnológico — frequentemente provocado por suas próprias necessidades científicas de instrumentação aprimorada (OCDE, 2018).

Ao mesmo tempo, a mão de obra qualificada se refere também às capacidades individuais e ultrapassa as fronteiras do conhecimento científico para alcançar profissionais talentosos para gerenciar cadeias e redes complexas de negócios inovadores. Esse conjunto de profissionais de alta qualificação, e poder de aplicação de conhecimento teórico para comandar processos abrangentes de inovação tecnológica e organizacional, designado como capital humano passa a ser o centro do debate que se seguirá.

O conceito de capital humano relaciona-se à perspectiva neoschumpeteriana segundo a qual a formação educacional dos trabalhadores e o treinamento da mão de obra refletem a capacitação tecnológica e potencial de aprendizagem, as quais podem afetar o crescimento por meio do aumento da produtividade (GABRIEL, JAYME JR, OREIRO, 2019).

A Teoria do Capital Humano é atribuída ao laureado economista americano Theodore Schultz (1902-1998), também reconhecido como importante contribuinte do debate acerca da Economia da Educação, que marcou os anos de 1960. Segundo essa teoria os investimentos em saúde e educação têm relação direta com as taxas de crescimento dos países e, os diferentes níveis de educação entre os indivíduos justificariam diferentes remunerações, uma vez que, presumidamente, os rendimentos na produtividade do trabalhador seriam escaláveis na relação direta dos investimentos feitos em treinamentos e saúde.

A Teoria da Economia da Educação fez uma junção importante entre temas como revolução tecnológica, no setor de Processamento de Dados e de Informações, e a melhoria das taxas de produtividade e crescimento de países e de empresas. Porém, em 1956, os economistas americanos Robert Solow e Trevor Swan destacariam, dentre os fatores de produção mais influentes no crescimento econômico, as alterações tecnológicas e o crescimento da força de trabalho. Em se tratando da preparação para as exigências dessas mudanças na tecnologia produtiva, discutir a educação dos trabalhadores parece ter sido um caminho naturalmente construído pelo progresso tecnológico.

E, na sequência do debate sobre Educação, outros temas se somaram. Em 1975, o sociólogo Alvin Toffler apresenta no livro homônimo o choque do futuro, que, resumidamente, se refere a uma nova doença que atinge o ser humano pela superexposição às mudanças aceleradas. Essas mudanças, que ocorrem na sociedade em que está inserido, criaria nos indivíduos uma sensação de desorientação, ou atordoamento dos sentidos, e de incompetência progressiva para o enfrentamento do novo ambiente, premido pela tecnologia tanto nos ambientes de trabalho quanto no seio da sociedade o que reforça a urgência de treinamentos formais para o enfrentamento das mudanças.

Nos anos que se seguiram, o fenômeno é enfatizado como sendo fruto da aceleração contemporânea, ou seja, a velocidade com que novas tecnologias são lançadas, promovida pelo capitalismo e pelo consumismo e que se torna um desafio à saúde mental da própria sociedade. E que alcança a humanidade de forma desigual e proporcional ao seu nível de desenvolvimento socioeconômico.

Ao longo do tempo, outros termos e conceitos foram adicionados, e os conceitos foram aperfeiçoando. Expressões como Sociedade em Rede, Sociedade do Conhecimento e Trabalhadores do Conhecimento começaram a surgir na década de 1990, validando a noção de que os ativos humanos e do capital intelectual estão no centro do debate, tanto acadêmico como organizacional, motivando as empresas mais competitivas a investirem em grandes estruturas de educação profissional, como universidades corporativas e em programas de florescimento da criatividade, do engajamento e do comprometimento.

2.3 EDUCAÇÃO DE QUALIDADE

A Educação é um dos pilares da avaliação da competitividade industrial de um país. De fato, sem um conjunto robusto de políticas e práticas educacionais efetivas nenhuma nação acumulará virtudes e vantagens comparativas suficientes para ingressar no rol de países com economia industrial forte. Na década de 1960, a Coreia do Sul percebeu na Educação importante alavanca de progresso industrial. Seus investimentos continuados possibilitaram ao país inverter a sua pauta de exportação de produtos de baixo conteúdo tecnológico para alta tecnologia em pouco de 20 anos. Daí a inferir, que o primeiro passo para a prosperidade está na mudança dos parâmetros educacionais e destes para a expansão da capacidade de aplicação do conhecimento.

A história brasileira não é diferente. O caminho trilhado no campo da produção agrícola, por exemplo, foi fortemente pautado pela educação de qualidade e pela pesquisa, com a criação do Instituto Agronômico de Campinas na segunda metade do séc. XIX até a consolidação do ecossistema de pesquisa e de inovação agrícola, impulsionado pela criação da Embrapa, na década de 1970 e dos demais operadores de Ciência e Tecnologia no campo da pesquisa agrícola (SANTOS *et al.*, 2020).

O conceito de educação de qualidade não pode e nem deve ficar restrito à formação superior, que é a força motriz da pesquisa científica. Pelo contrário, os países mais habilitados em inovação têm na educação primária e no ensino médio a ancoragem da chamada educação de qualidade.

Estudos sobre a competitividade mundial, coordenados pelo Fórum Mundial de Economia trazem, no conjunto de indicadores, os elementos probatórios da importância dos investimentos na educação de base. O que reforça a tese de que a competitividade nacional é a soma da capacidade dos diferentes setores da atividade econômica e da atratividade que setores, sobretudo de média-alta e alta tecnologia exercem sobre investidores a partir do desempenho obtido em localidades brindadas com a oferta de recursos humanos de alta qualificação.

A educação de qualidade forma capital humano de alto impacto, tanto na produtividade quanto na inventividade. Ao empregar profissionais de formação escolar de qualidade e ao investir no seu desenvolvimento e atualização profissional, as empresas criam e fortalecem as competências organizacionais para enfrentamento da pressão por competitividade do setor de negócios. E, ao mesmo tempo, fortalecem a região onde se inserem, criando vantagens locacionais e, ao longo do tempo, formando polos de desenvolvimento. Neste ponto de reflexão, destacam-se as políticas públicas voltadas à educação e trabalho, responsáveis pela abertura e manutenção das escolas técnicas e de ensino tecnológico em áreas de interesse nacional.

Qual é o problema da educação no Brasil?

[...] O Brasil ocupa o 53º lugar em educação geral entre 65 países avaliados pelo Pisa. Ou seja, o país investe altas quantias em inclusão de alunos nas escolas, de facilitação no acesso, mas peca em oferecer um ensino de qualidade.

O Brasil, que possui uma educação altamente estatizada, dificilmente permite iniciativas autônomas como o *homeschooling*. Descubra o que diz a lei hoje.

Segundo outro levantamento, do programa Todos Pela Educação (2006):

- 34% dos alunos que chegam ao 5º ano de escolarização ainda não conseguem ler;

- 20% dos jovens que concluem o ensino fundamental, e que moram nas grandes cidades, não dominam o uso da leitura e da escrita;

- 97% dos estudantes com idade entre 7 e 14 anos se encontram na escola, mas o restante desse percentual, 3%, respondem por aproximadamente 1,5 milhão de pessoas com idade escolar que estão fora da sala de aula;

- Para cada 100 alunos que entram na primeira série, somente 47 terminam o 9º ano na idade correspondente, 14 concluem o ensino médio sem interrupção e apenas 11 chegam à universidade;

> - 61% dos alunos do 5º ano não conseguem interpretar textos simples. 60% dos alunos do 9º ano não interpretam textos dissertativos.
>
> - 65% dos alunos do 5º ano não dominam o cálculo, 60% dos alunos do 9º ano não sabem realizar cálculos de porcentagem.
>
> [...], o que vemos hoje no Brasil é a fusão entre educação crítica-revolucionária e o ensino pragmático para o trabalho. A primeira educa o homem como agente transformador da sociedade e a outra forma trabalhadores para o mercado. Ou seja, há um problema na cultura educacional: ela instrumentaliza politicamente os alunos ao mesmo tempo em que compacta seus conhecimentos e técnicas para o mercado de trabalho.
>
> Fonte: NERY, F. In: A educação no Brasil é uma das piores do mundo – o que está acontecendo? Educação, Brasil, Sociedade. Ed. 2 set. 2023. Brasil Paralelo. Disponível em: https://www.brasilparalelo.com.br/artigos/educacao-no-brasil-e-seus-desafios. Acesso em 27 mar. 2023.

Os fatores locacionais são aspectos socioespaciais disponíveis em uma dada região com a finalidade de torná-la atraente para o maior número possível de empresas de vários setores e, em especial, os setores produtivos das indústrias. São eles: oferta de mão de obra qualificada; proximidade com fontes de matérias-primas; oferta de incentivos fiscais; sistemas de escoamento de produtos; disponibilidade de energia e de outros insumos produtivos; sistema regulatório e de fiscalização favoráveis; mercado consumidor local; oferta de empresas de serviços e produtos complementares; e proximidade de instituições de pesquisa e ensino relacionadas.

Além de essenciais à decisão estratégica sobre a localização das unidades, esses fatores criam vantagens competitivas, uma vez que apoiam a diferenciação entre as empresas e, também, fortalecem as vantagens comparativas, que designam as melhores condições de operação do negócio em comparação a outros locais possíveis. Dentre os fatores locacionais mencionados, a oferta de recursos qualificados e a presença de institutos de ensino superior e de ciência e tecnologia podem ser decisivos na escolha de instalação de empresas de alta intensidade tecnológica.

A instalação da indústria automobilística em São José dos Campos, no interior do estado de São Paulo foi facilitada pela oferta de mão de obra de nível técnico, disponibilizada pela Escola Técnica Everardo Passos – ETEP – e, na sequência da instalação de uma unidade do SENAI, para a formação de mão de obra operacional. O mesmo aconteceu com a instalação da indústria aeronáutica, na mesma cidade, como uma decorrência direta da criação do Instituto Técnico de Aeronáutica, anos antes.

Alguns dos principais polos tecnológicos brasileiros foram criados, e fortalecidos, pela presença de instituições de ensino tecnológico de alto nível nas regiões de entorno. Outros exemplos são Campinas, Piracicaba, São Carlos, Porto Alegre, Florianópolis e Recife, para citar alguns casos nacionais; Vale do Silício e Rota 128, para citar dois exemplos internacionais. Nas localidades pesquisadas foram observados indicadores significativos do valor da educação de qualidade na geração de efeitos transbordados do conhecimento, a partir do capital humano localmente formado.

Porém, mais do que capacitar empresas, o cuidado com a qualidade da educação tem o condão de (re)construir capacidades competitivas nacionais, criando inclusive um sistema de referência em relação ao conhecimento no estado-da-arte.

A Índia, por exemplo, é reconhecida pelo conjunto de habilidades matemáticas dos seus alunos e pela habilidade de criar sistemas de segurança e de processamento de dados. Israel criou sólida reputação tanto na pesquisa médica quanto nas tecnologias aplicadas na área da Segurança Nacional. O Brasil já foi o primeiro colocado em automação bancária e se mantêm entre os principais produtores e usuários dessa tecnologia.

O conhecimento deve ser o objetivo contínuo e permanentemente atualizado. Como base da competência nacional e organizacional e fruto de uma política pública sustentável, o diálogo entre as indústrias e as universidades deve ser um processo também contínuo, de modo a ajustar o foco dos conteúdos aprendidos em sala de aula.

A qualidade da educação passa também pela capacidade das instituições de ensino técnico, tecnológico e superior de formarem recursos humanos capacitados. Um dos caminhos para essa aproximação é adotar projetos acadêmicos de interesse da indústria, nos vários campos do saber, no nível superior e maior participação do comércio e das indústrias locais nas Feiras de Ciência, especialmente nos cursos técnicos e tecnológicos e em Feiras de Empreendedorismo, nos cursos de Administração e Marketing.

Uma experiência importante tem sido desenvolvida na unidade do SENAI de São Caetano do Sul – SP. Dada a demanda por uma mão obra operacional treinada em novas tecnologias industriais, a Faculdade de Tecnologia SENAI Armando de Arruda Pereira, de São Caetano do Sul, estado de São Paulo com o apoio da indústria local, implantou a primeira fábrica experimental no padrão da tecnologia 4.0, com robótica instalada.

Além disso, o SENAI de São Caetano do Sul criou um *Fab-Lab*, ou laboratório vivo, para dinamizar o desenvolvimento de novos produtos; estabeleceu um calendário para a feira de empreendedorismo; instalou uma aceleradora de empresas e um escritório de projetos para promover novos produtos e serviços. Mas, ainda faltava saber se os alunos do curso de mecatrônica, que tinham acesso à fábrica experimental e ao ambiente orientado à inovação, tinham a intenção em empreender novos negócios, tema estudado por Santos, Lustosa e Silveira (2021).

A pesquisa foi aplicada a 99 alunos do curso de mecatrônica por Lustosa (2019, p. 1), os resultados obtidos indicaram que os alunos "têm de fraca a moderada intenção de empreender", ainda que tenham tido acesso aos recursos, participado das atividades relacionadas ao empreendedorismo, concluindo que é preciso estimular e preparar os alunos para despertar o pulso empreendedor.

A UNESCO (2022, s/p) destaca a necessidade dos "cidadãos estejam preparados para atuar em decisões importantes e participar mais de perto dos avanços tecnológicos e científicos para a sociedade". E, para tanto, A Unesco recomenda atenção à formação científica básica desde o ensino fundamental, dando prioridade, portanto, ao investimento em educação científica.

Dessa forma, a UNESCO entende que os jovens serão motivados para se desenvolverem nas áreas científicas e tecnológicas, reconhecendo a importância desses campos de conhecimento para o desenvolvimento social e econômico do país e o grande desafio que a educação científica representa para o país.

Outra experiência relevante é do Programa Fatec Sebrae, uma parceria entre o Centro Paula Souza (CPS) e do Serviço Brasileiro de Apoio às Micro e Pequenas Empresas (Sebrae), em São Paulo.

A intenção do programa que congrega dois cursos tecnológicos – Gestão de Negócios e Inovação (GNI) e de Marketing – é a apoiar a aprendizagem do aluno e incentivar o surgimento de novos negócios. As premissas do estudo consideraram que "o ambiente educacional, a educação empreendedora e a cultura empreendedora" são "potenciais fatores de estímulo à intenção empreendedora" dos alunos (CÂNDIDO, 2020, p. 19-20).

Para tanto, as instituições criaram um ambiente orientado para educação empreendedora, dispondo de recursos e equipamentos como o Núcleo Sebrae-SP de Empreendedorismo, auditório, biblioteca especializada, espaço de *coworking*, incubadora de projetos e ambientes motivacionais com estímulo à colaboração e criatividade (SebraeLab) (CÂNDIDO, 2020, p. 20).

Porém, faltava identificar se os alunos seriam ou não influenciados por esse ambiente e estímulos visuais. Assim, tendo o objetivo de analisar a intenção empreendedora de alunos e a ação empreendedora de egressos da Fatec, Cândido (2020) conduziu sobre a intenção empreendedora dos alunos dos cursos citados.

Os resultados identificaram positivamente a influência da Instituição de Ensino Superior e dos recursos disponíveis sobre a intenção empreendedora dos alunos, confirmando que os estímulos identificados na educação empreendedora, no ambiente de ensino e na cultura empreendedora permite o florescimento do pulso empreendedor. Sendo que, dos dois cursos, o de Marketing oferece mais ferramentas para a decisão de empreender, ao ensinar ao aluno como definir, com segurança, a criação de um novo negócio (CÂNDIDO, 2020).

Índice de novos empreendedores cresce no Brasil em 2022

De acordo com o monitoramento do empreendedorismo, feito pela *Global Entrepreneurship Monitor* (GEM), em 2021, o Brasil é um dos países mais empreendedores do mundo, ocupando o 5º lugar no *ranking* global, ficando atrás apenas da República Dominicana (45,2%), Sudão (41,5%), Guatemala (39,8%) e Chile (35,9%), respectivamente.

> Ainda em 2021, o país bateu o recorde de aberturas de novos negócios, atingindo a média de 682,7 mil de microempresas e 3,1 milhões de cadastros de Microempreendedor Individual (MEI).
>
> Em 2022, o otimismo do empreendedor se repetiu. Segundo a *Global Entrepreneurship Monitor*, em parceria com o Sebrae e o Instituto Brasileiro de Qualidade e Produtividade (IBQP), o Brasil já soma mais de 19 milhões de empresas até este ano. Os MEIs, por exemplo, são 13.489.017, os quais representam uma média de 69,6% do total de empreendimentos, sendo que 1.114.826 foram abertos entre janeiro e abril de 2022.
>
> O Ministério da Economia reforça que, sete em cada dez empresas ativas no Brasil são de Microempreendedores Individuais (MEIs). E, nos primeiros 4 meses de 2022, foi criado o Boletim do Mapa de Empresas, o qual apontou que os MEIs e as Sociedades Empresariais Limitadas concentram aproximadamente 94% de todas as empresas em funcionamento no país. Esse Boletim também apontou que o número de empreendedores da população adulta, entre 18 e 64 anos, somavam quase 43 milhões, só em 2021, além disso, 62% destas pessoas têm entre 25 e 44 anos.
>
> Segundo o Fórum Econômico Mundial (WEF), uma das tendências no empreendedorismo é a melhoria da infraestrutura digital por conta das restrições enfrentadas no início da pandemia, que acabaram acelerando e até mesmo aumentando a aquisição de recursos tecnológicos entre os países de baixa renda, onde uma em cada duas novas *startups* espera aumentar o uso digital para vender seus produtos nos próximos seis meses.
>
> Fonte: Adaptado de Terra Notícias (2022). Disponível em https://www.terra.com.br/noticias/indice-de-novos-empreendedores-cresce-no--brasil-em-2022,9cadde70bd235ced49525ee439473b55ahd25ybn.html#:~:text=Com%20isso%2C%20h%C3%A1%20uma%20soma,-de%209%20milh%C3%B5es%20s%C3%A3o%20MEIs. Acesso em 8 mar. 2023.

O próximo capítulo ressalta os esforços de apoio à inovação no país por meio da estrutura de Ciência, Tecnologia e Inovação e respectivas agências e operadores de CT&I no país.

3 CIÊNCIA, TECNOLOGIA E INOVAÇÃO NO BRASIL

Embora os termos sejam frequentemente associados, o senso comum define a ciência como um conjunto de conhecimentos, sistematizados e aprofundados, obtidos por meio da aplicação de método científico sobre determinados fatos e fenômenos, de forma a permitir que a sua análise seja pautada pela racionalidade.

A tecnologia pode ser compreendida como um conjunto de técnicas, habilidades, métodos e processos aplicados para a resolução de problema seja na produção de bens ou serviços, ou como meios para o alcance dos objetivos propostos, sejam eles relativos à produção industrial ou científica. Ao se juntar o conhecimento novo a uma técnica que permita aplicá-lo, é possível que se tenha um artefato total ou parcialmente inovador. E, assim, a ligação entre os termos é estabelecida, criando um círculo virtuoso relacionado ao progresso técnico e econômico dessa aplicação.

Assim, a escrita, como uma técnica de registro desenvolvida há quase 5.000 anos, permitiu a redação de livros cujo conteúdo é fruto da ciência. A primeira máquina de imprimir, desenvolvida por Gutenberg no séc. XV, apropriou a simbologia e a semântica, desenvolvidas no alfabeto atual a partir da evolução da escrita desde sua criação por diferentes povos antigos, em um invento consistido por prensas gráficas e produziu a primeira bíblia impressa da nossa história. E o fato relevante para a criação da escrita foi a necessidade de registro histórico e controle dos estoques, como se justificou a escrita desenvolvida pelo povo sumério.

Enquanto a Ciência gera conhecimento de base, sobre leis e fenômenos naturais, a invenção provém da percepção da oportunidade potencial de atendimentos das necessidades humanas, ou organizacionais. Assim, a necessidade pode ser uma fonte indutora da inovação.

As inovações de alto impacto, geralmente, combinam descobertas da pesquisa básica e um grande senso de oportunidade que permite levar novos produtos, processos e serviços ao mercado, o que tende a retornar ao governo os investimentos feitos na pesquisa básica, a partir dos impostos pagos sobre os produtos adquiridos. A telefonia móvel é um desses exemplos (MAZZUCATO, 2014).

Quando o Estado assume o papel de estimulador de Ciência e Tecnologia, e de provocador da inovação industrial, as novidades transbordam para o mercado. A relação entre governos, universidades e indústrias é estudada desde o final da década de 1960, sob a condução de pesquisas de Bottana e Sábato, o que deu origem ao termo Triângulo de Sábato, tendo evoluído para a compreensão da intensidade da participação de cada um desses entes, na geração da atividade inovadora, nos estudos das Hélices Tríplices, relacionados ao financiamento da infraestrutura científica (Governo), pesquisa e desenvolvimento (Universidades) e inovação (indústrias) (ETZKOWITZ, ZHOU, 2017).

A Organização das Nações Unidas para a Educação, Ciência e Cultura (UNESCO, 2022, s/p.) avalia que Brasil possui um sistema estruturado de Gestão em Ciência, Tecnologia & Inovação, "composto de um órgão central coordenador e de agências de fomento responsáveis pelas definições e implantação de políticas de desenvolvimento de ciência, tecnologia e inovação". E essa estrutura se repete nos estados, tendo como referência as vocações regionais de cada estado. E, ainda, reconhece que "o país tem capacidade material e intelectual instalada, capaz de

CIÊNCIA, TECNOLOGIA E INOVAÇÃO NO BRASIL

promover avanços significativos nas políticas nacionais nas áreas de ciência, tecnologia e inovação, bem como de meio ambiente". Além disso, o país tem a capacidade de mobilização da sociedade em prol do trabalho e de "um potente setor empresarial".

O Sistema Brasileiro de CT&I está representado na Figura 5.

Figura 5 – Sistema Brasileiro de Ciência, Tecnologia e Inovação

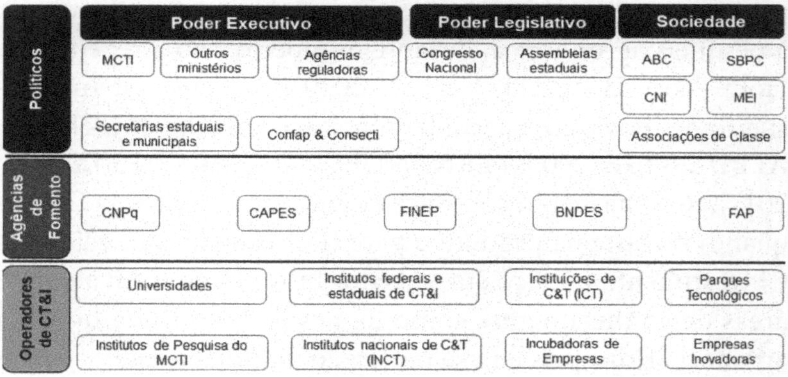

Fonte: MCTI (2018)

A Figura 5 destaca os principais agentes relacionados à inovação no País, nos diferentes níveis de atuação e os papéis que são cumpridos por esses atores. E, neste quesito, observa-se que há uma combinação de elementos que envolve:

a. **Políticas Públicas** que devem regular, por meio dos órgãos destacados, direcionar as prioridades em Ciência e Tecnologia e em Pesquisa e Desenvolvimento;

b. **Financiamento público** para projetos de Ciência e Tecnologia intermediados pelo interesse de governo para desenvolvimento e competitividade em áreas-chave;

c. **Ambientes de inovação** onde a inovação pode acontecer, conciliando o potencial dos projetos de interesse público desenvolvidos nas Instituições de Ensino e nos Centros de Pesquisa; e nos Parques e Incubadoras Tecnológicas, além das empresas intensivas em conhecimento.

No campo cientifico, o país tem como marco histórica criação da Sociedade Brasileira de Ciência, atualmente Academia Brasileira de Ciência, em 1916 (SANTOS, 2018), e antes, o primeiro instituto de ciência e tecnologia no Brasil, voltado à pesquisa agronômica, durante o império, sob a regência de Dom Pedro II (SANTOS *et al.*, 2020). Assim o sistema brasileiro de inovação é considerado como imaturo (SUZIGAN, ALBUERQUE; 2008; FERNANDES *et al.*, 2010; ARBIX *et al.*, 2017). Ressalta-se que a inovação é tanto dependente da Ciência quanto do sistema produtivo para transformar conhecimento e investimento público em artefatos inovadores, e em algumas áreas de conhecimento, como da pesquisa aplicada no setor agropecuário, o país tem se projetado mundialmente.

A Figura 6 apresenta o cronograma de criação das indústrias relacionadas à pesquisa científica no Brasil.

Figura 6 – A Construção da Comunidade Científica no Brasil

1887: Estação Agronômica de Campinas/ Instituto Agronômico de Campinas (IAC)
1916: Sociedade Brasil de Ciências/ Academia Brasileira de Ciências (ABC)
1934: Universidade de São Paulo
1941: Diretoria Tecnologia Aeronáutica
1942: Fundos Universitários de Pesquisa e Defesa Nacional
1946: Conselho Nacional Energia Atômica/
1948: Sociedade Brasil Progresso Ciência
1949: Centro Brasileiro Pesquisas Físicas
1951: Instituto Tecnológico de Aeronáutica 1951: Coordenação de Aperfeiçoamento de Pessoal de Nível Superior (CAPES) 1951: Conselho Nacional de Desenvolvimento Científico e Tecnológico (CNPq)
1961: Instituto Nacional de Pesquisas Espaciais (INPE)
1962: Fundação de Amparo à Pesquisa
1967: Financiadora de Estudos e Projetos
1969: Fundo Nacional de Desenvolvimento Científico e Tecnológico (FNDCT)

Fonte: Santos (2018)

Apesar do esforço científico, o desdobramento do conhecimento para a produção de bens e serviços de alta tecnologia é limitado, no caso brasileiro. Há ainda um espaço de oportunidade de interação entre as universidades e as empresas para promoção de avanços tecnológicos. Naturalmente, pode-se constatar algumas ilhas de excelência tecnológica, muitas quais estabelecidas no entorno das universidades reconhecidamente orientadas para o ensino das Ciências Naturais e Engenharias.

No campo do ensino da Gestão e da Administração de Empresas, o artigo de Pereira, Franco, Almeida e Santos (2012) revelava que, das 2.667 das instituições de ensino superior cadastradas na base de dados, apenas 11,28% delas tinham referências aos termos de busca "inovar e inovação" nas suas matrizes curriculares.

Há indicações de uma provável insuficiência na formação de gestores de empresas de base tecnológica, especialmente aquelas orientadas para a inovação. Além do que, é questão de consenso no debate, a importância da combinação de sistemas de ensino e de produção de bens para a inovação.

O domínio tecnológico é um indicador da maturidade dos sistemas de inovação. Países que definem as fronteiras tecnológicas são considerados possuidores de sistemas de inovação maduro. Dentre eles estão: Estados Unidos, Alemanha e Japão, França, Reino Unido, Itália.

Os países que apresentam capacidade de absorver avanços técnicos e adotar novas, e avançadas, tecnologias de modo subsequente aos seus lançamentos costumam ser dotados de sistemas de inovação denominados de intermediários, entre eles estão Suécia, Dinamarca, Holanda, Suíça e Coreia do Sul.

Um sistema de inovação é classificado como imaturo, ou incompleto, quando a sua infraestrutura tecnológica é incipiente. É o caso do Brasil, Argentina, Índia e China (SBRAGIA *et al.*, 2006; SANTOS, 2015). Esse nível de aporte científico pode-pode indicar que o país tenha a sua economia nacional seja fortemente baseada ainda em produção de bens de baixo conteúdo tecnológico.

Um estudo da ANPEI (2015), com 237 participantes, teve como objeto entender e identificar os fluxos de interações entre os agentes do (ecos)sistema de inovação no país, revelou o Mapa do Sistema de Inovação Brasileiro, acrescentando a figura dos Investidores e das Entidades de Classe, e destacando cada papel desenvolvido pelo governo, ou seja, regulação, fomento, infraestrutura e educação. O que evidencia a dinâmica de um conceito que, no país, está em plena construção. Esse tema é mais explorado ao longo da obra.

É preciso ressaltar que os sistemas de inovação contribuem para o aumento da competitividade nacional, pela melhoria da produtividade e competitividade das empresas, sejam elas industriais, comerciais ou de serviços.

Em novos setores da economia, a capacidade de inovar é responsável pelo surgimento de novas empresas e, não raro, no entorno dos ambientes de inovação, reconstruindo a identidade das localidades onde se encontram, formando polos de tecnologia e inovações que são fontes de atratividade de investimentos estrangeiros.

O reconhecimento da importância econômica da inovação canaliza o interesse de investidores, criando um círculo virtuoso de prosperidade pelo emprego de mão de obra de alta qualificação e, consequentemente, pela elevação da renda.

3.1 FOMENTO À INOVAÇÃO NO BRASIL

A principal instância política da inovação no Brasil é o Ministério da Ciência, Tecnologia e Inovações (MCTI). Além da emissão de políticas públicas e definição de prioridades em Ciência e Tecnologia, o MCTI é orquestrador do investimento público em inovação, tendo como Gestor das operações em inovação, o Fundo Nacional de Desenvolvimento Científico e Tecnológico (FNDCT), apoiado pela Finep – Financiadora de Estudos e Projetos que, resumidamente, ocupa função de intermediadora entre os projetos de pesquisa aplicada, solicitado por empresas inovadoras em resposta aos editais públicos, e a concessão dos financiamentos.

Em linhas gerais, a OCDE (2005) entende por empresa inovadora aquelas que se destacam em duas características de competência:

a. **Competências estratégicas**: expressas pela visão de longo prazo, capacidade de identificar e antecipar tendências de mercado; disponibilidade e capacidade de interpretar e aproveitar oportunidades detectadas por meio de monitoramento tecnológico e econômico; e,

b. **Competências organizacionais**: caracterizada pela disposição para assumir e gerenciar o risco; e,

c. **Capacidade de articulação para a cooperação** interna e externa com consultorias, pesquisas de público, clientes e fornecedores; e,

d. **Capacidade para gerar engajamento e comprometimento** dos *stakeholders* no processo de mudança; e,

e. **Investimento contínuo** na capacitação dos seus recursos humanos.

Para as empresas inovadoras, tema que será explorado ao longo deste livro, as agências de fomento à inovação, apresentadas na Figura 5, são parte essencial das suas estratégias de mudança. Assim, é imperioso para elas conhecer as Políticas Públicas de incentivo à inovação no País, e o papel específico de cada agência. A saber:

- O Conselho Nacional de Desenvolvimento Científico e Tecnológico (CNPq), por exemplo, tem como desafio "fomentar a Ciência, Tecnologia e Inovação e atuar na formulação de suas políticas, contribuindo para o avanço das fronteiras do conhecimento, o desenvolvimento sustentável e a soberania nacional" (MCTI/ CNPq, 2020). Para tanto, a agência financia projetos de pesquisa cientifica e de iniciação científica; oferece bolsas de estudo pós-graduado, dentro e fora do país, além de bolsas de incentivo às atividades de pesquisa científica dentro de empresas; como o Programa de Recursos Humanos em Áreas Estratégicas – RHAE.

- A Coordenação de Aperfeiçoamento de Pessoal de Nível Superior (CAPES), vinculada ao Ministério da Educação e da Cultura (MEC) e tem por finalidade apoiar "a expansão e consolidação das pós-graduação *stricto sensu* em todos os estados brasileiros" (CAPES, 2023).

- A agência Financiadora de Estudos e Projetos (FINEP, 2023), vinculada ao Ministério da Ciência e Tecnologia e Inovação, é uma empresa pública brasileira destinada ao fomento à ciência, tecnologia e inovação em empresas, universidades, institutos tecnológicos e outras instituições públicas ou privadas.

- Banco Nacional de Desenvolvimento Econômico e Social (BNDES) é uma empresa pública federal, que tem o objetivo de financiar e investir, a longo prazo, em diferentes e estratégicos segmentos da economia brasileira (BNDES, 2023).

- As Fundações de Amparo à Pesquisa são agências estaduais de fomento à pesquisa científica, tecnológica e de inovação no Brasil, mediante concessão de bolsas de estudo acadêmicas e financiamento de projetos de pesquisas cientificas de interesse ao desenvolvimento socioeconômico dos estados e das vocações regionais. Atualmente, estão ativas 27 agências (CONFAP, 2023).

3.2 FUNDOS SETORIAIS DE PESQUISA E A FINEP

O Fundo Nacional de Desenvolvimento Científico e Tecnológico (FNDCT) criou 16 fundos setoriais para financiamento da pesquisa, sendo que um deles – CT Inovar Auto

– foi desativado em 2019, após dois anos de vigência e não será abordado nesta obra.

A finalidade da criação dos fundos foi a de promover a maior sinergia possível entre as universidades, os centros de pesquisa e a indústria. Operacionalizado pela agência FINEP, essa modalidade de financiamento é um dos principais instrumentos de incentivo ao desenvolvimento e fortalecimento do Sistema Brasileiro de CT&I. Informa a FINEP (2023, s/p) que "eles (os fundos) têm possibilitado a implantação de milhares de novos projetos em ICTs" para, além da geração de novos conhecimentos, garantir a transferência desse conhecimento para as empresas.

Dado que os fundos setoriais se destinam aos projetos que envolvem universidades, centros de pesquisa e empresas, eles têm "estimulado maior investimento em inovação tecnológica por parte das empresas, contribuindo para melhorar seus produtos e processos e também equilibrar a relação entre investimentos públicos e privados em ciência e tecnologia (FINEP, 2023, s/p.). Estão em operação os seguintes fundos setoriais:

- **CT-Agro:** visa promover: a) capacitação científica e tecnológica nas áreas de agronomia, veterinária, biotecnologia, economia e sociologia agrícola, entre outras; b) atualização tecnológica da indústria agropecuária; c) estímulo à ampliação de investimentos na área de biotecnologia agrícola tropical e, d) difusão de novas tecnologias. Tem como fonte de recursos a Contribuição de Intervenção de Domínio Econômico – CIDE.

- **CT-Aero:** visa estimular investimentos a competitividade no setor, apoiando as atividades de Pesquisa e Desenvolvimento – P&D – mediante a capacitação científica e tecnológica na área de engenharia aeronáutica, eletrônica e mecânica, a difusão de novas tecnologias, a atualização tecnológica da indústria brasileira e a maior atração de investimentos internacionais para o setor. O fundo obtém recursos da CIDE.

- **CT-Amazônia:** tem por objetivo o fomento das atividades de pesquisa e desenvolvimento, no setor de Informática, na região amazônica. Seus recursos são obtidos da taxa de 0,5% do faturamento bruto de empresas que atuam na produção de bens e serviços de informática, na Zona Franca de Manaus.

- **CT-Aquaviário:** Destina-se ao financiamento de projetos de pesquisa e desenvolvimento voltados a inovações tecnológicas nas áreas do transporte aquaviário e de construção naval; o que inclui: a) P&D de materiais, de técnicas e de processos de construção, de reparação e manutenção e de projetos; b) capacitação de recursos humanos para o desenvolvimento de tecnologias e inovações voltadas para o setor aquaviário e de construção naval; c) desenvolvimento de tecnologia industrial básica e implantação de infraestrutura para atividades de pesquisa. Seus recursos são originados da arrecadação do Adicional ao Frete para a Renovação da Marinha Mercante (AFRMM) que cabe ao Fundo da Marinha Mercante (FMM).

- **CT-Bio:** Tem por objetivo: a) estimular a formação e capacitação de recursos humanos para o setor de biotecnologia; b) o fortalecimento da infraestrutura nacional de pesquisas e serviços de suporte; c) a expansão da base de conhecimento, d) estimular a formação de empresas de base biotecnológica e à transferência de tecnologias para empresas consolidadas; e, e) a prospecção e monitoramento do avanço do conhecimento no setor. Seus recursos advêm da CIDE.

- **CT-Energia:** Destinado ao financiamento de programas e projetos na área de energia, especialmente voltados a: a) eficiência energética no uso do recurso; b) P&D em fontes alternativas de energia com menores custos e melhor qualidade e redução do desperdício; e, c) estimular o aumento da competitividade da tecnologia industrial nacional. Até 1% do faturamento líquido das empresas concessionárias de geração, transmissão e distribuição de energia elétrica, abastecem os recursos para financiamento.

- **CT-Espacial:** Destinado ao financiamento de programas e projetos no setor espacial, no âmbito do Programa Nacional de Atividades Espaciais (PNAE), principalmente relacionados aos projetos de desenvolvimento de satélites e veículos lançadores. O fundo é financiado por parte da receita das diferentes operações comerciais das empresas do setor e da Agência Espacial Brasileira – AEB.

- **CT-Hidro:** Financia estudos e projetos relativos aos recursos hídricos, visando assegurar: a) qualidade e quantidade na oferta e no uso dos recursos hídricos; b) desenvolvimento sustentável do setor; c) prevenção e defesa contra fenômenos hidrológicos críticos. Os recursos são oriundos da compensação financeira atualmente recolhida pelas empresas geradoras de energia elétrica.

- **CT-Info:** Visa estimular as empresas nacionais a desenvolverem e produzirem bens e serviços de informática e automação, investindo em atividades de pesquisas científicas e tecnológicas. Seus recursos são obtidos do faturamento bruto das empresas que recebem incentivos fiscais da Lei de Informática.

- **CT-Infra:** Tem por objeto a modernização e ampliação da infraestrutura e dos serviços de apoio à Pesquisa e Desenvolvimento desenvolvida em instituições públicas de ensino superior e de pesquisas brasileiras. Seus recursos são originários das verbas dos Fundos de Apoio ao Desenvolvimento Científico e Tecnológico.

- **CT-Mineral:** Visa o desenvolvimento e a difusão de tecnologia intermediária nas pequenas e médias empresas e no estímulo à pesquisa técnico-científica de suporte à exportação mineral. Seus recursos são providos pela Compensação Financeira do Setor Mineral (CFEM) devida pelas empresas detentoras de direitos minerários.

- **CT-Saúde:** O objetivo do Fundo é a) capacitação tecnológica nas áreas de interesse do Sistema Único de Saúde – SUS – envolvendo saúde pública, fármacos, biotecnologia e outras; b) estímulo ao aumento dos investimentos privados em P&D na área e à atualização tecnológica da indústria brasileira de equipamentos médico-hospitalares; c) difusão de novas tecnologias que ampliem o acesso da população aos bens e serviços na área de saúde. A CIDE fornece os recursos desse fundo.

- **CT-Petro:** Tem por objetivo: a) estimular a inovação na cadeia produtiva do setor de petróleo e gás natural; b) formação e qualificação de recursos humanos; c) desenvolvimento de projetos em parceria entre empresas e universidades, instituições de ensino superior ou centros de pesquisa do País, visando ao aumento da produção e da produtividade, à redução de custos e preços e à melhoria da qualidade dos produtos do setor. O fundo financiado pelos *royalties* do petróleo e do gás natural.

- **CT-Transporte:** Visa o financiamento de programas e projetos de P&D em Engenharia Civil, Engenharia de Transportes, materiais, logística, equipamentos e *software* para melhorar a qualidade, reduzir custos e aumentar a competitividade do transporte rodoviário de passageiros e de carga no Brasil. Tem como fonte de financiamento a receita arrecada pelo Departamento Nacional de Estradas de Rodagem – DNER.

- **CT-Verde Amarelo:** Visa financiar programas e projetos cooperativos entre universidades, centros de pesquisa e o setor produtivo; estimular a ampliação dos gastos em P&D realizados por empresas; apoiar ações e programas que reforcem e consolidem uma cultura empreendedora e de investimento de risco no país. O fundo é financiado pela CIDE e pela receita arrecadada com o Imposto sobre Produtos Industrializados – IPI incidente sobre os bens e produtos beneficiados com a Lei de Informática.

Os setores contemplados com o financiamento de atividades de P&D refletem a prioridade definida pelo Governo para promover a inovação em áreas consideradas estratégicas para o desenvolvimento nacional. Cabe ressaltar que, ainda que sejam áreas-chave, o governo tem investido em P&D de forma parcial, quando se trata de apoio às indústrias.

Há outras fontes de fomento à inovação, por exemplo, para aquisição de máquinas e equipamentos e que têm sido frequentemente explorados por empresas de grande porte. Tratam-se dos Fundos Constitucionais de Financiamento (BARROS, SANTOS, PEREIRA, 2012; RAINATTO, SILVA, ANDRADE, 2019).

Os Fundos Constitucionais são geridos por instituições financeiras federais e visam contribuir para o desenvolvimento econômico e social regional, com foco nos setores produtivos das regiões: Centro-Oeste (FCO), Nordeste (FNE) e Norte (FNO) e, por força de lei, os projetos têm como requisito apresentar uma análise dos impactos econômicos e sociais resultantes da obtenção dos empréstimos, segundo o Ministério da Integração e do Desenvolvimento Regional – (MIDR, 2022).

3.3 INCENTIVOS FISCAIS PARA A INOVAÇÃO

Além das fontes citadas, algumas leis foram criadas para estimular a inovação nas empresas, tais como:

- **Lei da Inovação**, número 10.973, promulgada em dezembro de 2004, com a finalidade de estimular a inovação tecnológica nas empresas, a partir da geração de conhecimento científico qualificado nas universidades. Assim, o foco da lei foi incentivar a inovação no ambiente produtivo, derivada da pesquisa científica e tecnológica, visando autonomia tecnológica e desenvolvimento do sistema produtivo nacional e regional, potencializando a produção com conteúdo tecnológico.

- A **Lei do Bem**, número 11.196/2005, promulgada em novembro de 2005, instituiu benefícios fiscais, com a redução no valor do recolhimento de tributos, das empresas inovadoras que invistam em Pesquisa e Desenvolvimento (P&D), tanto na concepção de novos produtos, quanto na fabricação, ou ainda na adição de "novas funcionalidades ou características ao produto ou processo que implique em melhorias incrementais e efetivo ganho de qualidade ou de produtividade, resultando em maior competitividade no mercado".

A finalidade do benefício é estimular a concretização do processo de inovação especialmente na "fase de maior incerteza quanto à obtenção de resultados econômicos e financeiros pelas empresas no processo de criação e testes de novos produtos, processos ou aperfeiçoamento dos mesmos (risco tecnológico)" (MCTI, 2021).

A Figura 7 apresenta o crescimento do uso da Lei do Bem por empresas.

70 GESTÃO DA INOVAÇÃO E DO CONHECIMENTO

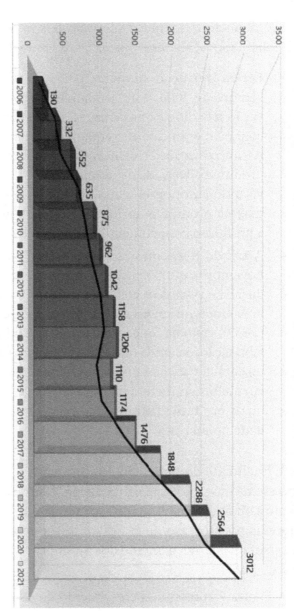

Figura 7 – Evolução Histórica das Empresas Participantes da Lei do Bem

Fonte: MCTI (2021)

Em 2016, foi instituído o Marco Legal da Ciência, Tecnologia e Inovação, pela Lei 13.243/2016. E em 2018, o Marco Legal foi regulamentado pelo Decreto nº 9.283/2018, visando o desenvolvimento do ambiente de inovação no Brasil, mobilizando recursos na pesquisa, desenvolvimento e à inovação nas universidades, nos institutos públicos e nas empresas.

Para tanto, o Decreto alterou nove leis: a) Lei de Inovação; b) Lei das Fundações de Apoio; c) Lei de Licitações; d) Regime Diferenciado de Contratações Públicas; e) Lei do Magistério Federal, f) Lei do Estrangeiro, g) Lei de Importações de Bens para Pesquisa, h) Lei de Isenções de Importações, i) Lei das Contratações Temporárias (PERDOMO, s/d).

O Marco Legal tem como princípios promover as atividades científicas e tecnológicas como estratégia para os desenvolvimentos econômico e social; promover a cooperação e da interação entre os entes públicos, entre os setores público e privado e entre empresas; estimular a atividade de inovação nas empresas e nas instituições de ciência e tecnologia (ICTs), e, simplificar os procedimentos para gestão de projetos de ciência, tecnologia e inovação e adoção de controle por resultados em sua avaliação (PERDOMO, s/d).

A participação de governo nas despesas de P&D varia entre países e e do nível de maturidade do seu Sistema Nacional de Inovação, conforme exibe a Tabela 8.

Tabela 8 – Investimento em Pesquisa e Desenvolvimento:

SNI Incompletos			SNI Intermediários			SNI Maduros		
Infraestrutura tecnológica incipiente			Capacidade absorção avanços técnicos			Domínio das fronteiras tecnológicas		
País	Governo	Empresas	País	Governo	Empresas	País	Governo	Empresas
Argentina	67,5%	29,3%	Suécia	27.3%	58,9%	EUA	27,0%	67,3%
Brasil	54,0	43,9	Dinamarca	28.4	60,2	Alemanha	27,7	67,9
China	24,6	70,4	Holanda	36.8	48,8	Japão	15,6	77,7
México	50,2	45,1	Suíça	22.8	68.2	França	39,4	50,5
			Coreia do Sul	25.4	72.9	Reino Unido	29,5	47,2
						Itália	44,3	42,0

Legenda: SNI: Sistemas Nacionais de Inovação

Fonte: Adaptado de Sbragia *et al.* (2006, p. 19); Santos (2011)

Os dados apresentados na Tabela 8 mudaram pouco nos últimos anos. O que chama a atenção é a participação dos governos nos custos da inovação. Quanto menos desenvolvidos os países mais demandantes da participação de governo são os Sistemas Nacionais de Inovação, especialmente nos setores de alta intensidade tecnológica.

Uma análise temporal dos investimentos nos países detentores de SNI maduros revelou que há uma prática sistemática de investimentos em inovação, que nasce junto com a industrialização desses países, e são atualizadas como parte da política industrial e econômica e, com isso, a cultura de inovação é reconhecida, pelas empresas, como um atributo de alta relevância para a sua competitividade. Outro aspecto, é que esses países têm tradição de investimentos em C&TI nos sistemas de Defesa Nacional, reconhecido por diversos autores como uma fonte de transbordamento de conhecimento.

Por outro lado, os países com SNI incompletos, muitos dos quais concentram as exportações em produtos de baixo conteúdo tecnológico e *commodities* primárias, são geralmente dependentes do esforço de *catchup tecnológico*, que se refere à "capacidade de centros secundários de absorver técnicas e conhecimentos gerados nos centros líderes" para que alcancem os níveis de produtividade dos centros líderes e, ao longo do tempo de desenvolvimento econômico (LEMOS *et al.*, 2006, p. 96). Esse fato que justificaria o maior peso dos investimentos em inovação como um papel de governo.

No relatório elaborado pelo Banco Mundial, com o apoio da Confederação Nacional da Indústria – CNI, em 2008, fica muito claro que o país, o esforço para gerar inovação tecnológica, como uma capacidade nacional. Aproximadamente 55% do total investido em P&D refere-se ao investimento público, comparado a 30% nos Estados Unidos. A diferença está na regularidade com que esses investimentos públicos são feitos, nos campos de conhecimentos novos que são prioritariamente explorados, como serão avaliados – por exemplo, número de patentes geradas – e como esse investimento retorna para o Governo.

O relatório do Banco Mundial (2008, p. 32) considera que os altos níveis de investimento público, como vistos no Brasil em torno de 55%, não são eficazes no estímulo à inovação tecnológica, quando examinada a relação entre investimento e número de patentes comercializáveis: o Brasil gerou 0,18% das patentes mundiais em 2000, em comparação a 3,4% das patentes atribuídas à Suécia e 1,7% das patentes da Coreia do Sul, países com território, disponibilidade de riquezas naturais e tamanho de população significativamente menores em comparação com o Brasil.

A regularidade dos investimentos públicos em inovação tem o condão de criar uma cultura de pesquisa que se destaca na produção de conhecimento conceitual. No caso brasileiro, a pesquisa do Banco Mundial (2008) revelou que a produção cientifica do período analisado foi de 2%, o mesmo percentual da participação do país no PIB Mundial, também de 2%. E no caso brasileiro essa relação entre produção cientifica e PIB pode ter sido incidental, posto que a grande força do PIB brasileiro refere-se à produção de *commodities* primárias e de produtos semi-industrializados.

O investimento público em inovação retorna para o país na forma de impostos arrecadados com a venda de novos produtos, processos e serviços que são criados; na geração de empregos de qualidade trazidos com novos negócios, sobretudo tecnológicos, e no aumento da massa salarial envolvida com as novas tecnologias. Em suma, a inovação é uma alavanca, ou eixo estruturante da prosperidade, tanto para empresas quanto para as sociedades.

Alguns autores, entretanto, chamam a atenção para o chamado desemprego estrutural, que se refere à redução ou extinção de postos de trabalho em decorrência de transformações estruturais promovidas no sistema econômico e produtivo. Por exemplo, a substituição da mão de obra por novas tecnologias e pela adoção de novos, e racionais, processos de trabalho.

Porém, há poucos estudos que revelam quantas posições de trabalho são abertas devido às novas tecnologias. Um estudo da Fundação Peter Drucker, de meados da década de 1990, sugeria que para cada posto de trabalho perdido, doze novas vagas eram criadas para atender a cadeia produtiva relacionada à nova tecnologia.

Salama (2018, p. 5) reconhece que "mesmo quando as mudanças são mais ou menos compensadas pela criação de novos postos de trabalho", é necessário investir continuamente em programas de treinamento e capacitação profissional para alcançar o ponto equilíbrio.

A educação é a estratégia adotada pelos países que almejam desfrutar de uma sólida posição na economia industrial, valendo o mesmo para as localidades que vem se transformando em polos tecnológicos que são, não raro, nucleados por importantes instituições de ensino superior.

Um estudo desenvolvido por Santos e Paula (2012) destacou a influência da especialização tecnológica local promovida pelo Instituto Nacional de Telecomunicações – Inatel, cujo foco é ensino tecnológico superior, sobre a formação do empreendedorismo regional, em Santa Rita do Sapucaí, estado de Minas Gerais, constatando haver uma relação positiva entre o ensino tecnológico e a ação empreendedora local.

Outros estudos (SANTOS *et al.*, 2009; SANTOS *et al.*, 2010; ZAMBANINI *et al.*, 2016) reforçam o argumento de que a inovação, quando nucleada a partir de instituições de ensino superior de qualidade, tem o condão de criar competitividade da indústria, formar a especialização regional e promover desenvolvimento social.

Santos e Silveira (2023) discorrem a respeito de como a inovação cooperou para a transformação da cidade de Piracicaba, antes predominantemente baseada em produção agrícola, para uma economia industrial pungente e um ecossistema empreendedor e inovador reconhecidamente relevante para a região e para o estado, repercutindo sobre a qualidade de vida dos habitantes e dos indicadores socioeconômicos, com altas taxas de emprego em áreas intensivas em conhecimento e qualidade de vida para o cidadão.

Do ponto de vista empresarial, a região de Piracicaba tornou-se atrativa para o desenvolvimento de atividades relacionadas às tecnologias digitais, inclusive para aplicação no campo da produção agropecuária, configurando um importante ecossistema empreendedor e inovador especialmente voltado ao fornecimento de soluções digitais para as necessidades dos produtores rurais.

O espraiamento da inovação no setor agropecuário trilha pelas veredas abertas pela pesquisa agronômica, abordada no sexto capítulo, e na esteira do desempenho dos centros de pesquisa da Embrapa, espalhados pelo país, no que tange à entrega de soluções tecnológicas na produção de alimentos, com uso intensivo de ciência na pesquisa aplicada.

CIÊNCIA, TECNOLOGIA E INOVAÇÃO NO BRASIL 77

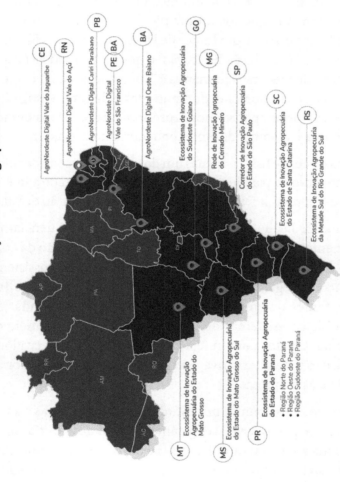

Fonte: Ministério da Agricultura e Pecuária (2022). Disponível em: https://www.gov.br/agricultura/pt-br/assuntos/inovacao/agrohub-brasil/ecossistemas. Acesso em 24 mar. 2023.

Nakano *et al.* (2022, p. 125) exploraram os índices de desenvolvimento das cidades brasileiras consideradas as mais inovadoras e empreendedoras, com o objetivo de identificar "as implicações do estímulo ao empreendedorismo tecnológico no desenvolvimento socioeconômico dessas cidades". O estudo permitiu concluir que "os municípios mais inovadores e empreendedores possuem alto Índice de Desenvolvimento Humano, destacando-se a dimensão Educação" o que reforça a ideia de que a qualidade dos recursos humanos é "ativo relevante no contexto de inovação e empreendedorismo" das cidades investigadas, dentre elas Florianópolis, onde a própria cidade é considerada um grande ecossistema de empreendedorismo inovador.

A proximidade física é apenas um dos elementos considerados. O uso intensivo de plataformas digitais tem possibilitado a interação entre empresas iniciais com a finalidade de cocriação de valor.

Estudo de Leão (2020) identificou os fatores influenciam o engajamento para a cocriação de valor com a mediação da confiança e do comprometimento entre os membros do Ecossistema de Serviço na região Nordeste. Ao todos foram abordados 163 representantes de empresas do tipo *startup*, relacionadas ao contexto de ecossistemas de serviço e integradas por meio de plataforma. O fator comum é a necessidade de cocriar valor e a inovação é uma alternativa estratégica para entregar valor ao mercado e às empresas.

Um elemento comum nos estudos dos ecossistemas é a frequência com que os termos engajamento, interação e criação de valor aparecem na literatura. E essas expressões pela importância, e constatação prática, serão frequentemente mencionadas nesta obra.

O próximo capítulo descreve conceitos e práticas da Gestão da Inovação no contexto das empresas inovadoras.

4 GESTÃO DA INOVAÇÃO E EMPRESAS INOVADORAS

A Gestão da Inovação deve ser compreendida como a soma das atividades relacionadas ao planejamento, direção, organização e controle dos recursos internos, como a estrutura técnica e humana dos laboratórios de Pesquisa e Desenvolvimento de Produtos, e externos, a exemplo de acordos de cooperação em Pesquisa e Desenvolvimento com centros de pesquisas, fornecedores e universidades, tendo como objetivo de gerar inovação (GOMES, 2021).

Tais recursos são objeto de pesquisa trienal sobre inovação tecnológica nas empresas inovadoras do país e é conduzida pelo Instituto Brasileiro de Geografia e Estatística – IBGE. Seguindo orientação da Organização para a Cooperação e Desenvolvimento Econômico – OCDE, a pesquisa identifica e compara o conjunto de variáveis, que repercutem para uma efetiva Gestão da Inovação.

A pesquisa, denominada de PINTEC – Pesquisa de Inovação Tecnológica – é censitária e tem por finalidade identificar "os fatores que influenciam o comportamento inovador das empresas bem como estratégias adotadas, esforços e incentivos empreendidos, obstáculos enfrentados e alguns resultados da inovação" (IBGE, 2017). As variáveis relacionadas ao estudo são:

> Incidência das inovações de produto e/ou processo; investimentos em atividades inovativas; fontes de financiamento; características das atividades internas de Pesquisa e Desenvolvimento (P&D); compra de serviços de P&D; impactos

das inovações; fontes de informação utilizadas; cooperação para inovação; apoio governamental; métodos de proteção estratégicos; problemas e obstáculos à inovação; inovações organizacionais e de marketing implementadas; uso e produção de biotecnologias e nanotecnologias; e inovações ambientais (IBGE, 2017).

A pesquisa também investiga a motivação das empresas para a inovação tecnológica. Na edição de 2017, a mais recente, que investigou as inovações ambientais e a sustentabilidade, apontou como algumas das principais motivações para introduzir inovação: recuperar ou preservar a reputação (59,4%); adoção de códigos de boas práticas (54,3%); gestão dos custos das operações (49,5%); e, atendimento às normas ambientais (46,1%).

Pode-se dizer que a inovação é um recurso disponível às empresas de qualquer ramo de atividade e de qualquer porte. Por exemplo, a venda pela *Internet* possibilitou acesso de pequenas empresas aos grandes mercados, gerando crescimento no volume de transações, com a segurança de recebimento tanto dos pagamentos – via *Paypall* – para o empreendedor quanto das mercadorias para os consumidores, com rastreabilidade da entrega, e a segurança de devolução do produto, em caso de inconformidades.

A evolução do PayPal

Fundada em dezembro 1998 por Max Levchin, Peter Thiel, Luke Nosek e Ken Howrey, em uma época em que ninguém imaginava que poderiam existir formas de efetuar pagamentos sem que fosse com talões de cheque ou transferências entre contas, o PayPal chegou para começar uma nova tendência que nunca pararia de crescer.

O projeto foi criado como um sistema de transferência monetária e com o nome inicial de Confinity, combinação das palavras "confidence" e "infinity", ou "confiança" e "infinito". Para que a ideia do seu novo produto começasse a viralizar, Luke Nosek pensou em oferecer um depósito de US$ 10 em cada conta cadastrada, recompensando quem indicasse novos usuários com US$ 10 por indicação. O conceito agradou e foi abraçado por vendedores do eBay, que incorporaram o anúncio do PayPal em suas páginas.

O serviço começou a ganhar concorrências, como o Dotbank, PayMe e X.com, este último liderado por Elon Musk, que passou a oferecer US$ 20 para cada novo usuário para chamar mais atenção. Até que, em março de 2000, o PayPal e o X.com se fundiram, deixando Bill Harris na liderança, Musk como presidente e Thiel como diretor financeiro. Desde então, começou a ficar difícil acompanhar toda a evolução da empresa. Em 2002, a PayPal entrou para a Bolsa de Valores; pouco tempo depois, suas ações crescerem 55% no NASDAQ.

No mesmo ano, a PayPal foi adquirida pelo eBay por nada menos que US$ 1,5 bilhão, depois de ter sido recusado pela Google e pela Yahoo. No Relatório *Best Global Brands*, edição 2022, a PayPal é a 38ª empresa em valor de mercado, com a cifra de US$ 17,058 bilhões de dólares.

Fontes: Canaltech (2021), disponível em https://canaltech.com.br/mercado/paypal-20-anos-conheca-a-historia-da-empresa-de-pagamentos-online-128861/. Acesso em 8 mar. 2023; Interbrand (2022), disponível em: https://interbrand.com/best-global-brands/paypal/. Acesso em 8 mar. 2023.

O próximo tópico apresenta a definição sobre o conceito de empresas inovadoras.

4.1 EMPRESAS INOVADORAS

A inovação é um ativo estratégico para as empresas que visam ganhar produtividade e manter a competitividade. Não raro, a inovação é um fator-chave para superar situações de crise decorrentes de mau funcionamento de produtos, processos e serviços, ou de erros de projetos de engenharia, para citar alguns. Na aviação comercial e militar, por exemplo, cada acidente ou incidente é estudado exaustivamente até que se descubra causa e se proponha uma solução definitiva para o problema, seja ele técnico, lógico, físico ou de operação. E essa indústria tem sido um berçário para inovações e otimizações. Mas, a inovação não está restrita às grandes empresas, com fortes estruturas de P&D e que atuam em setores de alta tecnologia, como no setor aeroespacial.

O Manual de Oslo (OCDE, 2005, p. 3) reconhece que "a complexidade do processo de inovação e as variações na forma como ele ocorre em diferentes tipos de empresas e indústrias fazem (com) que definições claras nem sempre sejam possíveis e que se tenha de adotar convenções".

Uma delas seria adotar a classificação por intensidade de P&D. Mas, esse critério impõe um risco, pois fora do âmbito da P&D, "em certas indústrias, bem como as unidades de tamanho pequeno e médio são particularmente inovadoras, mas não realizam P&D" (OCDE, 2005, p. 77). Essa constatação é verificada com as *startups,* cuja inovação é desenvolvida por um quadro diminuto de profissionais e, em vários casos, longe dos ambientes de inovação, como incubadoras e parques tecnológicos.

Outro critério seria considerar como empresas inovadoras aquelas que tenham dado entrada, dentro de certo período, no pedido de proteção de patente no Instituto Nacional de Propriedade Intelectual (INPI). Mas, é sabido que "as patentes não cobrem todos os resultados inovativos das empresas"

(MACEDO, 2021, p. 35), inovações incrementais em processos, por exemplo, muitas vezes abrigados no escopo das ações de melhoria contínua.

Além do que, muitas das pequenas empresas que inovam em algum nível, não possuem uma estrutura formal para avançar sobre questões normativas e regulamentadoras, nem na fase de financiamento da inovação e, tão pouco, na proteção da propriedade intelectual que dela ocorre.

Uma aproximação conceitual formulada pela OCDE é que, ao menos para efeitos de pesquisa e num esforço de equalização das diferenças, e tendo em vista que uma inovação é a implantação de um produto (bem ou serviço) novo ou significativamente melhorado, ou um processo, ou um novo método de marketing, ou um novo método organizacional nas práticas de negócios, na organização do local de trabalho ou nas relações externas (OCDE, 2005, p. 54). Assim, uma empresa inovadora é aquela que

> [...] implantou um produto ou processo novo ou significativamente melhorado durante o período de análise. Essa definição, que considera todas as empresas que implantaram uma inovação de produto ou de processo, é similar à definição de empresa inovadora tecnológica de produto e de processo (TPP) [...] (OCDE, 2005, p. 54).

A essa definição, a literatura tem sugerido a inclusão do termo serviços, que é uma característica típica de economias mais desenvolvidas. E cabe uma reflexão sobre a perenidade do processo de inovação, a empresa que não promoveu nenhum tipo de inovação no período considerado, teria deixado de ser uma empresa inovadora? Esse é um dilema típico do *continuum* da inovação.

Segundo especialistas de mercado, mais do que a inovação em produtos e processos, a empresa inovadora é aquela que promove a cultura de inovação e o comportamento inovador dos gestores e estabelece a inovação como uma força motriz da estratégia empresarial e no comportamento organizacional como um todo. A inovação em produtos e processos seria a resultante desse exercício cotidiano de pensar e agir de forma inovadora.

Com o objetivo de mapear e diagnosticar o desafio das empresas de melhorarem seus processos através da inovação, a Fundação Dom Cabral (FDC) desenvolveu um *ranking* para identificar as empresas mais inovadoras do Brasil. O levantamento se baseou nas premissas de mensurar e classificar as grandes organizações brasileiras com maior desempenho em inovação em 2022.

O objetivo da pesquisa é "mapear e diagnosticar o desafio das empresas de melhorarem seus processos através da inovação" (FDC, 2023).

Os critérios de participação definiam como válidas as empresas de grande porte, ou seja, aquelas com mais de 500 empregados e que atendessem aos cinco critérios quantitativos: Margem Ebitda ativo entre 2019 e 2021; Patentes; *Carbon Disclosure Project* – CDP; Pesquisa e Desenvolvimento – P&D; e *Corporate Venture Capital* – CVC – ou seja, investimentos em *startups*.

Assim, foram ranqueadas 20 empresas, sendo que as 10 primeiras colocadas são respectivamente: 1ª) a mineradora multinacional brasileira, Vale; 2ª) Petrobras, indústria de óleo, gás natural e energia; 3ª) Brasken, indústria petroquímica; 4ª) Natura, empresa de produtos cosméticos; 5ª) Suzano, empresa de papel e celulose; 6ª) Embraer, indústria de aviação; 7ª) Gerdau, fabricante de aço; 8ª) Ambev, indústria cervejeira; 9ª) B3, empresa de infraestrutura de mercado financeiro; e, 10ª) EDP, empresa distribuidora de energia elétrica.

Se as empresas inovadoras fossem avaliadas exclusivamente pelo critério de intensidade tecnologia, somente a Embraer, que é do setor de alta tecnologia e é uma organização intensiva em conhecimento (vide tópico 2.1), seria considerada potencialmente inovadora independentemente de outros critérios. O mesmo raciocínio poderia ser estendido à Natura, caso a sua atividade principal for reconhecida como uma extensão da indústria farmacêutica.

Mas é fato que, se fosse considerado somente o critério Patentes, segundo o *ranking* da World Intellectual Property Organization (WIPO, 2021) seriam atribuídas as seguintes posições: 1ª) Petrobrás, com 46 pedidos de patentes; 2ª) Brasken, com 19; 3ª) EMBRACO, com 18; 4ª) CNH Industrial Brasil, fabricante de equipamentos e serviços para a agricultura e construção civil, com 8; 5ª) WEG Equipamentos Elétricos – Motores, com 8; 6ª) Universidade Estadual de Campinas, com 7; 6ª) Electrolux do Brasil; Embraer; Fundação Oswaldo Cruz – Fiocruz; Natura Cosméticos, todas elas com 6 patentes cada uma.

O confronto entre os resultados da Fundação Dom Cabral e da WIPO corroboram com a constatação de uma lacuna sobre um conceito definitivo do que é uma empresa inovadora. Nesse sentido, a definição do Manual de Oslo (OCDE, 2005), parece ser suficientemente abrangente, embora temporal, uma vez que evocam empresas que pratiquem algum tipo de inovação, que, para maior entendimento, será objeto do próximo tópico.

4.2 FUNDAMENTOS E TIPOS DE INOVAÇÃO

Derivada do termo latino *innovatio,* a palavra inovação refere-se a uma ideia, método ou objeto criado fora dos padrões anteriormente usados, ou seja, uma invenção passível de exploração econômica. Por essa razão, a inovação é considerada "o motor da economia".

A inovação é o processo que inclui atividades técnicas de concepção, desenvolvimento e de gestão e que resultam em: comercialização de novos produtos ou de produtos melhorados; ou na primeira utilização de novos processos ou de processos melhorados (FREEMAN, 1987).

Inovação pode ser associada aos ganhos de eficiência em processos de trabalho, aumento de competitividade, sendo considerada um fator essencial ao crescimento econômico de uma sociedade. Não raro, a inovação quando de caráter incremental pode ser confundida com o conceito de melhoria contínua.

Da obra de Schumpeter (1982) identifica-se como inovação as seguintes ações:

- A Introdução de um novo bem ou de uma nova qualidade de um bem;
- A introdução de um novo método de produção que pode consistir também em uma nova maneira de manejar, comercialmente uma mercadoria;
- Abertura de um novo mercado, para a empresa, quer esse mercado tenha existido antes ou não;
- Uma nova fonte de matérias primas ou de bens semimanufaturados independentemente dessa fonte já existir, ou ser criada;
- Uma nova organização de qualquer indústria, como a criação de uma posição de monopólio ou a fragmentação de uma posição de monopólio.

Toda inovação sugere uma novidade, mas, nem toda novidade é, necessariamente, uma inovação. Para ser uma inovação é preciso estimar o impacto e a importância das novas características do produto, o que remete para o tipo de inovação praticada. A orientação do Manual de Oslo (OCDE, 2005, p. 32) era a de seguir a proposição de Schumpeter, segundo o qual a inovação deve trazer uma "novidade para uma indústria". Neste caso, a indústria deve ser compreendida como sendo o próprio setor de negócio.

A caracterização se dá a partir da análise da intensidade e da complexidade da mudança e, principalmente do impacto econômico que a inovação gera. Algumas empresas praticam uma forma sistemática de melhoria contínua o que, ao longo do tempo, pode trazer impactos relevantes para a operação produtiva e para o mercado. Assim, outra variável que facilita a compreensão da intensidade da inovação é denominada Grau de Novidade.

O Manual de Oslo (OCDE, 2005) conceitua o Grau de Novidade como sendo a introdução de um bem ou serviço novo, ou significativamente melhorado, por uma empresa no seu mercado. A sistematização do conceito pode ser vista na obra de Tironi (2006), como apresenta o Quadro 9:

Quadro 9 – Grau de Novidade (*Degree of Novelty*)

Novidade (novelty), intensidade inovativa, complexidade tecnológica		Grau de Novidade (PINTEC)		Tipo de inovação para ... (PINTEC)	Conhecimento	Proteção	Atividade Inovadora
		Em produto	Em processo				
Imitação	Incremental	Novo para a empresa, porém existente no mercado nacional	Novo para a empresa, já existente no setor, no país	A empresa	Incorporado	Segredo Industrial	Aquisição de Máquinas & Equipamentos
Adaptação	Incremental	Aprimoramento de um produto existente	Aprimoramento de um produto existente	A empresa	Incorporado	Segredo Industrial	Aquisição de Máquinas & Equipamentos
Inovação	Radical	Novo para o mercado nacional, já existente no mercado mundial	Novo para o setor no país, já existente em outros países	O mercado nacional	Desincorporado	Patente	P&D
Inovação/ Invenção	Radical (disruptiva, breakthrough)	Novo para o mercado mundial	Novo para o setor, em nível mundial	O mercado nacional	Desincorporado	Patente	P&D

Fonte: Tironi (2006)

O Quadro 9 fornece algumas estratégias e dimensões da inovação que aportam maior ou menor grau de novidade. Por exemplo, a aquisição de máquinas e equipamentos apresenta uma vantagem no processo produtivo apenas para a empresa. Eventualmente, essa vantagem poderá se estender aos consumidores na forma de maior qualidade, maior quantidade ou menor custo do produto. Mas, ainda assim, a mudança apresenta baixa ou moderada complexidade. Por essa razão, essa modalidade se identifica como inovação incremental. O mesmo ocorre com a adoção de melhores práticas ou da melhoria contínua.

Outro exemplo seria dado com a telefonia móvel. Neste caso, uma inovação radical, fruto do transbordamento da pesquisa básica para a aplicada, e desta para a P&D industrial, como um produto, e serviços agregados, que mudam o conceito da comunicação à distância, ao mesmo tempo em que tornam obsoletos ou minimamente desnecessários, alguns produtos específicos como a agenda de telefones e calendário, para citar apenas duas funções disponíveis no aparelho de celular.

O serviço da telefonia móvel vem, desde o lançamento, sendo aprimorado, atendendo à premissa de Drucker (2005) que se referia à inovação como o ato de atribuir novas capacidades aos recursos (pessoas e processos) existentes na empresa com a finalidade de gerar riqueza.

Tecnomiopia

Em 1876, a Western Union possuía um telégrafo, a mais avançada tecnologia de comunicação disponível, até então. Ao presidente da empresa, William Orton, foi oferecida a patente do telefone, pela qual o inventor Graham Bell, pedia a ínfima quantia de US$ 100,00 (ou cerca de atuais US$ 2 milhões). Ele não apenas rejeitou a oferta, mas a descartou completamente.

> Ele achou ridículo e escreveu pessoalmente para Alexander Bell, perguntando o que eles poderiam fazer com aquele novo brinquedo elétrico. Ele disse, ainda, que o artefato não tinha possibilidades comerciais. Levaria dois anos somente para o telefone decolar, e Orton passou o resto de sua vida tentando, sem sucesso, desafiar as patentes de Bell.
>
> Quanto ao novo brinquedo, é certo que ele mudou as comunicações globais para sempre.
>
> Fonte: Traduzido e adaptado de "20 of the Worst Business Decisions Ever Made". Disponível em: https://www.businessarticleshub.com/20-of-the-worst-business-decisions-ever-made/. Acesso em 8 mar. 2023.

Ainda em relação ao Quadro 9, a primeira coluna destaca a intensidade inovativa, refletindo o grau de originalidade da inovação e se relacionam ao tipo de estratégia adotada pela empresa para inovar. São elas:

a. **Imitação:** Trata-se de uma estratégia geralmente definida por empresas que decidem não investir em P&D e que são frequentemente orientadas para o modelo de liderança no custo. Para tanto, implementam inovações conhecidas no mercado e, por essa razão, possuem baixo grau de novidade. Como exemplo, a implementação do sistema *just in time.*

b. **Adaptação:** É a implementação de produtos ou processos já existentes no mercado, refletindo, portanto, o baixo grau de novidade obtida através do aprimoramento. O mercado já conhecia o modelo de produção baseado no *Lean Manufacturing* antes dele ser incorporado ao setor da construção civil, como uma filosofia, com adaptações nas práticas sob a denominação *Lean Construction.*

c. **Inovação:** Refere-se à criação de produtos, serviços, processos, métodos e sistemas que não existiam anteriormente, ou com alguma característica nova e diferente do padrão em vigor, que agregue um valor que será percebido pelo mercado. Assim, a inovação requer um esforço considerável de P&D, o que coopera para um elevado nível de intensidade tecnológica e, em consequência, alto grau de novidade. Como foi o motor à jato e o avião, ao seu tempo. E, ainda, há uma categorização da inovação em relação ao grau de novidade que ela oferece:

- A **inovação radical** é aquela que apresenta o maior grau de novidade. Segundo Perez (2009), para que a inovação radical aconteça, um conjunto de revoluções tecnológicas devem precedê-la, geralmente envolvendo um bloco de mudanças necessárias composto por: (i) um insumo de baixo custo; (ii) uma fonte de energia nova e (iii) um material crucial que define novas oportunidades de exploração, os níveis de lucratividade e o feixe de trajetórias tecnológicas disponíveis. Exemplos:

  » O avião, que nasce como uma invenção, mas ao se consolidar como meio de transporte rápido e de longa distância, criou uma cadeia produtiva tecnológica sofisticada e competitiva, além de um segmento de mercado.

  » O computador: resultado dos modelos teóricos e protótipos desenvolvidos por Pascal, Babbage, Hollerite, e Newmann e, e que foram incorporados pelo cientista Allan Turing que e, a partir dele, deu origem a uma trajetória de desenvolvimentos evolucionários e que até os dias atuais vem possibilitando avanços tanto na indústria de equipamentos, quanto na de sistemas, com aplicações em todos os setores de negócios.

- A **inovação disruptiva** é um tipo de inovação que provoca mudanças de ruptura – *breakthrough* – em tecnologias produtos, serviços e processos existentes, propondo soluções com conteúdo tecnológico mais avançado, com "a construção de um novo mercado por esta segunda tecnologia" (RODRIGUES, CIUPAK, RISCAROLLI, 2017, p. 2). Assim, a inovação disruptiva trata da introdução de descontinuidades nas trajetórias tecnológicas. Exemplos: a substituição do ferro pelo aço industrial, a substituição da energia a vapor pela energia elétrica. Santos (2022) indica alguns exemplos de inovação disruptiva:

> » Spotify: desenvolveu um sistema de inteligência artificial que identifica preferências e recomenda *podcasts*.

> » Airbnb: capitalizou a economia de compartilhamento para oferecer um produto novo na indústria de hospitalidade.

> » Whatsapp: surgiu como uma opção multimídia para os serviços gratuitos de SMS.

> » Ifood: criado para intermediar a relação entre clientes e restaurantes, oferecendo busca *online* simplificada.

- A **inovação incremental** refere-se ao aperfeiçoamento de produtos, aplicações e processos, numa abordagem de melhoria contínua ou de adaptação aos novos materiais. Exemplos:

  » Titânio para uso na produção de órteses e próteses, e na área odontológica.

  » *Smartphones:* e as diversas gerações com avanços funcionais e de processamento.

d. **Invenção:** É uma concepção resultante do exercício da capacidade de criação humana, que representa uma solução para um problema técnico específico, dentro de um determinado campo tecnológico e que pode ser fabricada ou utilizada industrialmente (SANTOS, 2011). Por terem características exclusivas, podem apresentar alto grau de novidade, e não raro, apresentam alto impacto econômico e no mercado. Algumas invenções são tão impactantes que provocam mudanças de ruptura no mercado e na sociedade. Exemplos:

  - O avião, que nasce de uma invenção e se torna uma inovação radical com fortes impactos na indústria e mercado.

  - O telefone, que também nasce de uma invenção. Mas, que ao do tempo, tornou-se um artefato essencial para a comunicação à distância e abriu uma trilha para outras inovações, como o telefone móvel.

> ### A novidade chamada telefone
>
> Em 1876, a Western Union se orgulhava de possuir o telégrafo, a mais avançada tecnologia de comunicação disponível. O presidente da empresa, William Orton, recebeu a patente pelo telefone por US$ 100,00 (o equivalente a cerca de US$2 milhões atuais). Ele não apenas a rejeitou; ele a descartou completamente.
>
> Ele achou ridículo e escreveu a Alexander Bell, perguntando o que eles poderiam fazer com um brinquedo de novidade elétrica. Ele também disse que ele não tinha possibilidades comerciais. Levou apenas dois anos para o telefone decolar, e Orton passou o resto de sua vida sem sucesso tentando desafiar as patentes de Bell.
>
> Quanto ao brinquedo de novidade, ele mudou para sempre as comunicações globais.
>
> Fonte: Traduzido e adaptado de 20 of the Worst Business Decisions Ever Made. Disponível em: https://www.businessarticleshub.com/20-of-the-worst-business-decisions-ever-made/. Acesso em 27 mar. 2023.

Ao longo do tempo, os conceitos evoluíram. A dimensão "serviços", incluída por Tidd, Bessant e Pavitt (2005), autores denominados neoschumpeterianos, destacam o processo de inovação como uma estratégia orientada para a renovação dos produtos, processos e serviços que a empresa dispõe aos seus consumidores. Contudo, há uma diferença considerável no ritmo e nos esforços de inovação entre países desenvolvidos, emergentes e subdesenvolvidos.

As empresas produtivas com operação em países desenvolvidos usufruem da vantagem de estarem inseridas em ambientes institucionais de adequada reputação e previsibilidade, o que diminui o grau de incerteza nos esforços de inovação e facilita a coordenação entre os principais agentes econômicos.

Em países fora do eixo do desenvolvimento industrial historicamente estabelecido, questões como a desconfiança no ambiente regulatório, a incidência de altos níveis de corrupção institucional e a falta de transparência tendem a definir a baixa ocorrência de inovação, e como resultado, o aumento da incerteza e baixo nível de investimentos em inovação.

As empresas, especialmente de pequeno e médio porte que atuam em ambientes de acirrada competição, têm limitadas a sua participação no mercado e a capacidade competitiva. A falta, de inovação nesse tipo de ambiente, dificulta a sustentação econômica das empresas, ao longo do tempo.

Com isso, o empreendedor tecnológico, em particular, deixa de exercer a sua virtude mais destacada que é a capacidade de provocar as rupturas nas trajetórias, por meio da destruição criativa (SCHUMPETER, 1982) que, por sua vez, resulta dos esforços continuados de inovação, ou seja, investimentos, capacitação da estrutura física e humana da atividade de P&D.

Como já mencionado, toda inovação traz uma novidade, mas, nem toda novidade pode ser denominada como inovação. E esse entendimento é importante para o aprofundamento das estratégias e dos esforços de inovação.

A Figura 10 aponta as diferenças entre novidade e inovação.

GESTÃO DA INOVAÇÃO E DO CONHECIMENTO

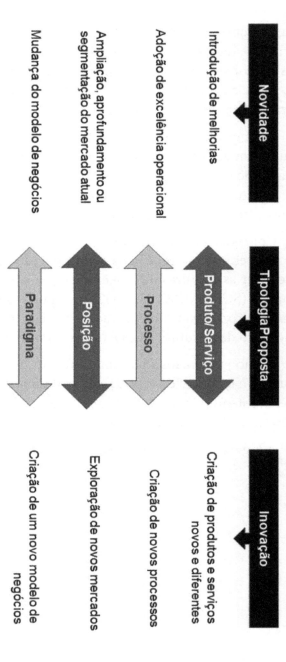

Figura 10 – Diferença entre Novidade versus Inovação

Fonte: Adaptado de Bessant & Tidd (2009, p. 42)

Na Figura 10, as distinções se dão pelo impacto que a mudança causa sobre a empresa e no setor de atuação. Quando uma empresa adota um processo de trabalho, por exemplo, o *Lean Manufacturing*, seguindo o comportamento já praticado pelos concorrentes ela está introduzindo uma novidade no âmbito da empresa, e certamente gerando melhorias.

Porém, quando a empresa, *Sales Force*, criou um novo modelo de negócio, como a Computação em Nuvem, ela claramente está promovendo uma inovação de paradigma, que impactará a forma como todas as empresas passarão a executar suas transações e armazenamento de dados, e gerando uma pressão por inovação em setores relacionados como o da Segurança de Dados.

Observa-se que as empresas inovadoras tendem a recorrer mais frequentemente às inovações de caráter incremental, que promovem ganhos de escala e atribuem condições de adaptação às empresas em relação às mudanças no ambiente competitivo. Por exemplo, a substituição de fonte de energia fóssil por energia de fonte renovável tem sido uma demanda recorrente nas empresas, ou mesmo, a adaptação às novas normas reguladoras da atividade do setor. Promover a inovação incremental ou introduzir novidades pode apoiar a sobrevivência das empresas em setores de intensa competição.

Os tipos mais frequentes de inovação foram descritos e propostos por diversos autores. O Quadro 11 traz um resumo das principais contribuições ao tema.

Quadro 11 – Tipos de Inovação

Schumpeter (1982)	OCDE (2005	Fórum FGV (2005)	Tidd, Bessant e Pavitt (2008)	Endeavor (2019)
Introdução de um novo bem ou de uma nova qualidade de um bem.	Inovações de Produto	Introdução de um novo bem	Inovação no Produto	Novos produtos e serviços
introdução de um novo método de produção que pode consistir também em uma nova maneira de manejar, comercialmente uma mercadoria.	Inovações de Processo	introdução de um novo método de produção	Inovação no processo	Novos processos fabris Novos ativos e tecnologias Novos métodos de trabalho
Abertura de um novo mercado, para a empresa.	Inovações de Marketing			Novos canais e mercados Novas demandas dos consumidores
Nova fonte de oferta de matérias primas ou de bens semimanufaturados.		Inovação Organizacional	Inovação na Posição	Novos fornecedores Novas parcerias
Uma nova organização de qualquer indústria, como a criação de uma posição de monopólio ou a fragmentação de uma posição de monopólio.	Inovações Organizacionais	Inovação negocial	Inovação de paradigma	Novos modelos de negócio Novas competências

Fonte: Adaptado de Paganotti (2014), OCDE (2018), Endeavor (2019).

Dado ser um tema atraente aos pesquisadores e às indústrias de alta tecnologia, o fluxo de pesquisa e de aplicação tem resultado em diferentes nomenclaturas desde a contribuição original de Schumpeter, de 1934, perpassando por pesquisadores contemporâneos. Por essa razão, a mais recente edição do Manual de Oslo (OCDE, 2018) dispõe sobre a necessidade de evitar ambiguidades na coleta de dados sobre inovação, simplificando o conceito em duas tipologias, dentro das quais um conjunto grande e significativo de mudanças podem ser alocados. São elas:

- **Inovação em produtos**: é um bem ou serviço novo ou melhorado que difere significativamente dos bens ou serviços anteriores da empresa e que foi introduzido no mercado.

- **Inovação em processos de negócio**: é um processo de negócios novo ou melhorado para uma ou mais funções de negócios que difere significativamente dos processos de negócios anteriores da empresa e que foi colocado em uso pela empresa.

E, ainda, o Manual acrescenta a revisão do conceito de inovação:

> Uma inovação é um produto ou processo novo ou melhorado (ou uma combinação dos mesmos) que difere significativamente dos produtos ou processos anteriores da unidade e que foi disponibilizado a potenciais utilizadores (produto) ou posto em prática pela unidade (processo) (OCDE, 2018, p. 20).

Assim, a inovação, resumidamente, refere-se à criação de produtos, serviços, processos, métodos e sistemas que não existiam anteriormente, ou com alguma característica nova e diferente do padrão em vigor, que agregue um valor que será percebido pelo mercado. Esse valor poderá ser a adoção de melhorias que resultem em menor preço, maior eficiência ou maior vida útil de um produto, funcionalidades adicionais ou serviços adicionais, para citar alguns exemplos.

4.3 TIPOS DE INOVAÇÃO QUANTO À FINALIDADE

A partir do alinhamento conceitual, algumas subdivisões foram adicionadas para dar clareza à prática da inovação, segundo a sua finalidade. Assim, têm-se em uso na literatura algumas classes bem específicas de inovação.

4.3.1 Inovação Tecnológica

Refere-se a um novo produto/serviço ou de um novo processo de produção, com conteúdo tecnológico, visando gerar uma vantagem estratégica – qualidade e/ou produtividade – que fará com que o empreendedor possa obter bons lucros, por um tempo definido.

As inovações tecnológicas podem gerar mudanças em produtos, processos e serviços pela acoplagem de novas tecnologias que, geralmente, resultam do investimento contínuo em P&D e como desdobramento das aplicações das tecnologias existentes. Como é o caso do *Global Positioning System* – GPS, que vem evoluindo e expandindo suas aplicações até mesmo para mensurar caminhadas, geolocalização de *smartphones,* entre outros.

O Manual de Oslo (OCDE, 2005, p. 19), considera esse tipo de inovação como uma TPP – inovação tecnológica em produto e processo – que se refere aos muitos tipos de mudanças que uma empresa pode introduzir nos "métodos de trabalho, no uso dos fatores de produção e nos tipos de *outputs* que melhoram sua produtividade e/ou seu desempenho comercial."

> **Uma nova geração de robôs com Inteligência Artificial (IA) está assumindo o controle dos armazéns**
>
> Nos meses que antecederam as primeiras notícias sobre a COVID-19, um novo tipo de robô foi anunciado. Construído com anos de avanços no *deep learning*, ele era capaz de selecionar todas as categorias de objetos com notável precisão, tornando-o ideal para tarefas como classificação de produtos em embalagens nos armazéns. [...]. Os novos robôs, com sua capacidade de manipular objetos de várias formas e tamanhos em orientações imprevisíveis, podem possibilitar a realização de um conjunto totalmente diferente de tarefas para a automação. [...].
>
> **Uma nova onda de automação**
>
> Ao longo da última década, os setores de varejo e transporte de mercadorias *online* automatizaram cada vez mais seus depósitos, com grandes nomes da indústria liderando o caminho. Em 2012, a Amazon adquiriu a Kiva Systems, uma empresa de robótica com sede em Massachusetts que produz robôs móveis autônomos (AMRs, pela sua sigla em inglês) para movimentar prateleiras de produtos. Em 2018, a FedEx começou a utilizar seus próprios AMRs, projetados por uma outra *startup* sediada em Massachusetts, a Vecna Robotics. No mesmo ano, o supermercado *online* britânico Ocado ganhou as manchetes com seu centro de distribuição altamente automatizado em Andover, Inglaterra, apresentando uma rede gigante de robôs zunindo ao longo de andaimes metálicos.
>
> [...] Mover objetos do ponto A para B é um dos desafios robóticos mais fáceis de resolver. É muito mais complicado manipular objetos para retirá-los das prateleiras e de recipientes, ou encaixotá-los e embalá-los, da maneira que os trabalhadores humanos fazem com agilidade com as mãos. É nisso que a última geração de empresas de robótica como a Covariant e a Osaro se especializam, em uma tecnologia que não se tornou comercialmente viável até o final de 2019. Atualmente, esses robôs são mais hábeis em tarefas de manipulação simples, como pegar objetos e colocá-los em caixas, mas ambas as *startups* já estão trabalhando com os clientes em sequências mais complicadas

de movimentos, incluindo ensacamento automático, que exige que os robôs trabalhem com materiais enrugados, frágeis ou translúcidos. Dentro de alguns anos, qualquer tarefa que anteriormente era dominada por humanos, pode ser parcial ou totalmente automatizada.

Algumas empresas já começaram a redesenhar seus depósitos para capitalizar melhor esses novos recursos. A Knapp, por exemplo, está mudando a organização das escalas de seus armazéns e a maneira como encaminha as mercadorias para considerar que tipo de trabalhador — robô ou humano — é melhor para lidar com diferentes produtos. Para objetos que ainda atrapalham robôs, como um saco de bolinhas de gude ou cerâmica delicada, um algoritmo de roteamento central os enviaria a uma estação com trabalhadores humanos. Itens mais comuns, como utensílios domésticos e material escolar, iriam para uma estação com robôs.

Derik Pridmore, cofundador e CEO da Osaro, prevê que, em setores como a moda, armazéns totalmente automatizados podem entrar em operação em dois anos, uma vez que as roupas são relativamente fáceis de serem manuseadas pelos robôs.

Isso não significa que todos os depósitos serão automatizados em breve. Existem milhões deles em todo o mundo, diz Michael Chui, um parceiro do McKinsey Global Institute que estuda o impacto das tecnologias da informação na economia. "A reforma de todas essas instalações não pode acontecer da noite para o dia", diz ele. No entanto, o avanço mais recente de automação levanta questões sobre o impacto nos empregos e na rotina dos trabalhadores.

Ondas anteriores de automação deram aos pesquisadores mais dados sobre o que esperar. Um estudo recente que analisou pela primeira vez o impacto da automação nas empresas descobriu que aquelas que adotaram robôs antes de outras em seus setores tornaram-se mais competitivas e cresceram mais, levando-as a contratar mais trabalhadores humanos. "Qualquer perda de emprego vem de empresas que não adotaram robôs", diz Lynn Wu, professora da Wharton que é coautora do artigo. "Elas perdem a competitividade e, em seguida, demitem trabalhadores".

Mas, como os funcionários da Amazon e da FedEx já viram, os empregos para humanos serão diferentes. Funções como empacotamento de embalagens serão substituídas, enquanto novas surgirão — algumas diretamente relacionadas à manutenção e supervisão dos robôs, ou devido aos efeitos de segunda ordem de atender mais pedidos, o que exigiria maiores operações de logística e entrega. Em outras palavras, a força de trabalho com qualificação média desaparecerá em favor do trabalho de baixa e alta qualificação. Wu diz: "Estamos retirando o degrau do meio da escada de carreira".

Mas, ao invés de tentar interromper a tendência da automação, dizem os especialistas, é melhor se concentrar em facilitar a transição, ajudando os funcionários a se requalificarem e criando novas oportunidades para o desenvolvimento profissional. "Por causa do envelhecimento, há vários países no mundo onde o tamanho da força de trabalho já está diminuindo", diz Chui. "Metade do nosso crescimento econômico veio do maior número de pessoas trabalhando nos últimos 50 anos, e isso vai acabar. Portanto, é necessário aumentar a produtividade e essas tecnologias podem ajudar [...].

Fonte: MIT Technology Review, ed. Set. 10, 2021. Disponível em: https://mittechreview.com.br/nova-geracao-de-robos-com-inteligencia-artificial-esta-assumindo-o-controle-dos-armazens/. Acesso em 8 mar. 2023.

4.3.2 Inovação Organizacional

Refere-se à inovação nos processos administrativos e na maneira como as decisões são tomadas sobre a distribuição dos recursos e das responsabilidades; na forma como os relacionamentos intra e interorganizacionais são estabelecidos; e na forma como os comportamentos e desempenhos são recompensados ou punidos; e na adoção de modelos de gestão (PAGANOTTI, 2014).

A inovação organizacional pode referir-se às mudanças nos processos administrativos de trabalho, visando torná-los mais ágeis, racionais e desburocratizados e pode envolver a incorporação de novas tecnologias que aumentem a segurança e a qualidade dos processos.

Novos modelos de negócio, à exemplo da Amazon, fundada em 1994, que começou com vendas *online* de livros, mas que, rapidamente ampliou seu catálogo de produtos passando a vender produtos eletrônicos, *softwares*, videogames, entre outros. Ao longo do tempo, a operação tornou-se uma das mais valiosas no varejo americano, chegando a desafiar a consolidada varejista em valor de mercado, em 2015. Seu crescimento prosperou em outros campos do varejo, passando a operá-lo fisicamente e por serviços de *streaming* que, em 2018, já somava mais de 100 milhões de assinantes em todo o mundo.

A inovação organizacional pode também referir-se à criação de novos mercados, ou nichos, nos quais a empresa vem a operar com adaptações e ajustes de produtos e serviços.

O caso da Google também se destaca na oferta de serviços de busca, atendendo tanto no nicho acadêmico quanto no mercado amplo.

De forma mais cotidiana, a adoção de modelos de gestão participativa ou de sistemas de qualidade atuam no sentido de ampliar a eficácia dos grupos de trabalhos também está inserida no contexto das inovações organizacionais. Outro exemplo se notabilizou no episódio da COVID-19: o teletrabalho representou um movimento importante de inovação no *modus operandi.*

Business Intelligence (BI) nos processos decisórios

É responsável por coletar, integrar, analisar e apresentar dados corporativos. Também conhecido como BI, busca informações brutas de várias fontes para posteriormente integrá-las. Em outras palavras, essa tecnologia reúne dados sobre uma empresa e os torna disponíveis em um único local.

> É uma ferramenta bastante usada por grandes companhias, porque permite aos líderes ter um auxílio na tomada de decisões. Ao verificar as tendências do mercado e a conjuntura das empresas, os gestores têm mais chances de fazer as melhores escolhas para o negócio atingir um grande desempenho.
>
> Fonte: Neogrid. Oito principais inovações tecnológicas para a indústria. Ed. 7 mar. 2023. Disponível em: https://neogrid.com/br/blog/conheca-as-8-principais-inovacoes-tecnologicas-para-a-industria. Acesso 8 mar. 2023.

4.3.3 Inovação Sustentável

Também referida como ecoinovação ou inovação ambiental, refere-se tanto à inovação tecnológica, quanto organizacional que visam reduzir o impacto da operação sobre o meio ambiente desde que, por meio delas, a empresa possa compartilhar benefícios atuais e futuros para a sociedade e o meio ambiente, sem que sacrifique os retornos positivos para a empresa e para seus *stakeholders* – que são os beneficiários diretos da atividade empresarial: acionistas, gestores e empregados, fornecedores e credores, clientes e consumidores e a comunidade de entorno.

A inovação sustentável permite criar soluções que combinem necessidades da sociedade, atenção ao meio ambiente, e resultados econômicos para a empresa. Por exemplo, o uso de energia elétrica renovável permite aumentar a disponibilidade de energia de outras fontes para aqueles que têm acesso restrito. Outro exemplo, o aproveitamento de água cinza (derivada da chuva) para uso em funções que não envolvam consumo humano.

Economia Circular

No Piauí, alunos do SENAI tiveram de encontrar uma solução para o desafio proposto por uma empresa parceira, que queria alternativas para refrescar os ambientes. Eles pensaram em como os materiais de construção podem contribuir para garantir maior conforto térmico, principalmente em lugares quentes como o Piauí.

Depois de muitos testes, chegaram a um tijolo feito de isopor, garrafas PET, areia, cimento e água. O resultado foi surpreendente: o material pode reduzir em até 12° C a temperatura dos ambientes.

"Avaliamos a viabilidade econômica do produto, com o atrativo e diferencial dos materiais reutilizáveis. Podemos pegar os insumos em empresas como restaurantes, que separam para reciclagem, e utilizar para fazer os tijolos", destaca a equipe.

De acordo com o 11° Censo da Reciclagem do PET no Brasil, o país reciclou 55% das embalagens de PET descartadas pela população em 2019. O volume equivale a 311 mil toneladas do produto – 12% acima do registrado em 2018.

Fonte: Portal da Industrial. Agência de Notícias da Indústria. 7 inovações sustentáveis para indústria brasileira. Disponível em: https://noticias. portaldaindustria.com.br/listas/7-inovacoes-sustentaveis-para-industria-brasileira/, Acesso em 8 mar. 2023

Resumidamente, a inovação ambiental deve ser orientada para a conciliação da relação entre consumo, ambiente e economia de empresas. Por exemplo, o uso de embalagens biodegradáveis pode ser inicialmente oneroso para as empresas, mas mitigam a agressão ao meio ambiente, reduzem a pegada de carbono, que atualmente é uma conduta esperada pelos investidores e pela opinião pública, e fortalecem a reputação da empresa como uma organização ambientalmente responsável.

GESTÃO DA INOVAÇÃO E EMPRESAS INOVADORAS

Mas, como destacamos antes, a inovação sustentável vai além dessas áreas, pois ela também existe no campo social e econômico. Isto é, promover a educação científica ou o acesso à tecnologia e cultura para crianças de baixa renda, entre outros projetos, tecnologias, soluções e boas práticas que tenham um bom resultado social.

4.3.4 Inovação Social

Refere-se à inovação orientada para o desenvolvimento social, englobando criação de novas tecnologias para o combate aos problemas sociais, tais como: a fome, a pobreza, o acesso aos direitos de cidadania. Compreende a doação de tecnologias que permitam promover a inclusão social, geração de trabalho, renda e melhoras nas condições de vida.

Assogba (2007, p. 10) afirma que a inovação social é:

> *toda a iniciativa empreendida por parte de atores sociais num determinado contexto social com o objetivo de proporcionar respostas inéditas a certo número de problemas sociais (exclusão social, pobreza, abandono escolar etc.). Do ponto de vista sociológico, as inovações sociais apresentam as seguintes características principais: desafiam as dicotomias tradicionais como as de "mercado e não-mercado", "produtor e não produtor ou consumidor", "público e privado"; as inovações sociais buscam implementar os meios adequados ao contexto societal; elas visam a coesão social e a solidariedade, baseiam-se na democracia participativa, evitam a burocratização; as inovações sociais inspiram-se geralmente nos princípios fundamentais da economia social e da economia solidária.*

O'Byrne *et al.* (2014, p. 54) definem a inovação social como a "implementação bem-sucedida" de novas práticas, ideias ou novos objetos de interesse público de atividades, de modo a "impactar positivamente a sociedade, melhorando a prestação de serviços públicos".

Uma importante inovação tecnológica com finalidade social foi implementada para entregar água para a população de Ovalle, que é uma área de exploração agrícola, no norte do Chile, que sofre com o avanço do deserto do Atacama.

> *O fenômeno da desertificação afeta 21,7% do território chileno, o equivalente a cerca de 16,3 milhões de hectares e 6,8 milhões de pessoas. Mas, aos poucos, são desenvolvidas soluções para mudar essa realidade e garantir que seus habitantes possam continuar vivendo ali (G1 MEIO AMBIENTE, ed. 5 jul. 2022, s.p.)*

O Deserto do Atacama está localizado ao norte do Chile, entre o Oceano Pacífico e a Cordilheira dos Andes, na altitude de 4.000 metros. É considerado o mais alto e mais seco deserto do mundo, por ficar muito tempo sem chuva. O relevo é bem diversificado, variando em altitudes que vão de montanhas e dunas, até erosões e vulcões.

A solução encontrada, na forma de inovação social, foram os coletores de neblina. Sua eficiência tem sido comprovada: "um campo de 100 coletores de névoa de quatro mil metros quadrados pode recolher diariamente 30 mil litros de água" (eCYCLE, ed. 13 mai. 2016).

> **Farinhas alimentícias para a inclusão socioprodutiva da agricultura familiar paraense (Rede Quirera)**
>
> Projeto em parceria da Embrapa com a Rede Quirera de agricultores familiares que desenvolve produtos e processos de grande relevância para as comunidades locais, visando sua segurança alimentar e nutricional. Novos produtos de qualidade com o sabor local e ricos em compostos bioativos estão sendo desenvolvidos, agregando valor nutricional às farinhas e produtos de panificação, considerando boas práticas de fabricação e adequação à legislação vigente, com a intenção de promover sua oferta nos mercados tradicionais e institucionais.
>
> Fonte: Embrapa (2022). Inovação Social. Disponível em: https://www.embrapa.br/inovacao-social/como-a-embrapa-atua-para-a-inovacao--social Acesso em 8 mar. 2023.

4.3.5 Inovação de Marketing

Refere-se à implementação de um novo método de abordar o mercado consumidor, seja por mudanças na concepção do produto, no preço, na promoção, ou nos pontos de distribuição; ou nos seus atributos físicos, na embalagem ou no posicionamento do produto no seu nicho ou em novos nichos, percebido pelos consumidores como valor (OCDE, 2005). Também denominada como inovação comercial.

Esse tipo de inovação visa sustentar ou ampliar a posição da empresa junto ao seu mercado-alvo. Por exemplo, a implementação de Postos de Atendimento Bancário (PAB) em empresas visou a aproximação do correntista ao banco, ampliando as suas operações. Assim, a inovação de marketing tem como objetivo aumentar o volume de vendas, e por meio dela, eventualmente expandir a sua participação no mercado.

Algumas mudanças nos produtos para torná-los mais atraentes para o consumidor ou mesmo a implementação de estratégias de vendas como o caso citado dos PABs, ou franquias e licenciamentos, quiosques de atendimento ao consumidor, são, geralmente, descritas como inovação de marketing. E que como se classificaria a implementação de *e-commerce*?

De um lado o *e-commerce* representa uma inovação tecnológica, pois se trata de uma operação comercial intermediada por plataforma tecnológica e, por outro lado, trata-se também de uma forma de aproximação com os consumidores, portanto, é uma inovação de marketing, e pela racionalização de processos não deixa de ser também, uma inovação organizacional.

Geomarketing

O Geomarketing é uma estratégia de marketing que utiliza dados de localização geográfica de um usuário para aprimorar os resultados de uma campanha de divulgação e criar novas oportunidades de negócio para a empresa.

Para que isso ocorra, basta um celular e um GPS para que empresas identifiquem a localização e os hábitos de consumo da pessoa, permitindo que eles enviem ofertas personalizadas capazes de atrair a atenção do cliente e virar uma venda fechada.

Agora que você já sabe da importância das inovações de marketing, e conhece algumas das tendências do momento, basta identificar qual delas atende melhor às necessidades da sua empresa e aplicá-las nos seus processos do dia a dia.

Fonte: Mandaê (2022). Disponível em: https://www.mandae.com.br/blog/inovacoes-de-marketing/. Acesso em 8 mar. 2023.

Como mencionado, há a possibilidade de uma inovação possuir características de impacto em mais de uma definição. Por exemplo, uma empresa que adote o modelo de gestão baseado nos princípios ESG (*Environmental, Social, Governance*) estará, ao mesmo tempo, implementando uma inovação organizacional e, para expressar coerência entre os princípios ESG e as práticas organizacionais, deverá adotar inovações sustentáveis.

De forma semelhante, uma empresa de base tecnológica, que produza e comercialize produtos com conteúdo tecnológico, ao criar um novo produto orientado para um nicho bem específico, que utilize o processo de customização, ela estará tanto gerando uma inovação tecnológica quanto uma inovação de marketing. Assim, a finalidade da inovação definirá sua principal a abordagem: tecnológica, organizacional, social, ou de marketing.

4.4 ESTRATÉGIAS TECNOLÓGICAS E A INOVAÇÃO

A literatura propõe diversas opções estratégicas no que tange à organização dos recursos para a inovação tecnológica e a sua escolha estará sempre associada ao posicionamento estratégico da empresa (SANCHES, MACHADO, 2013) e do Plano Tecnológico adotado por ela (SANTOS, 2015). Dentre os autores, Freeman e Soete (1997; 2008) sugerem as seguintes estratégias:

- **Ofensiva:** Pela qual se busca a liderança no mercado com base na inovação e, em geral, enfrentam concorrência acirrada, porém de um pequeno número de concorrentes. Essa estratégia impõe atividade intensa de P&D e tendem a manter um corpo técnico de alta qualificação, incluindo pesquisadores e cientistas.
- **Defensiva:** Segue as mudanças tecnológicas, em um segmento caracterizado por um pequeno grupo de empresas

ofertantes. São frequentemente mobilizadas a inovar para correção de erros detectados, no produto ou processo. As atividades de P&D são orientadas para produzir melhorias e avanços nos produtos existentes e são inovadoras relativamente lentas.

- **Imitativa:** Tem interesse pela tecnologia no estado-da-arte, mas, não possui recursos para adotar posicionamento ofensivo. Em geral, coletam dados e observam as posições e lançamentos das empresas ofensivas e, em prol da renovação, eventualmente podem adotar comportamento defensivo. Tendem a aquisição de patentes como meio de diversificação correlacionada ao produto central, estabelecendo na engenharia de produção a sua força central, o que lhe faculta copiar processos para angariar maior eficiência produtiva.

- **Dependente:** Reage às mudanças tecnológicas por pressão do mercado consumidor, das empresas-motrizes, ou das sedes.

- **Tradicional ou oportunista:** Seguem as tendências de modo reativo e quando conveniente ou necessário, mantendo seu *modus operandi*.

A escolha da estratégia depende de um conjunto condições e fatores, dentre os quais, recursos financeiros para investimento em atividades de P&D; podem ter duração determinada ou terem caráter perene à medida que cooperem com o posicionamento estratégico da empresa e fortaleçam a imagem da organização.

As empresas que buscam a liderança no mercado são aquelas que mais investem em Pesquisa e Desenvolvimento e nos seus quadros de pesquisadores, com o objetivo de explorar rapidamente as oportunidades percebidas no ambiente externo. Para tanto, essas empresas mantêm monitoramento do ambiente de negócios em caráter permanente para se estabelecer à frente das tendências tecnológicas, dos principais concorrentes e obter a liderança no produto.

As empresas ofensivas assumem os riscos e custos da inovação para criar, em primeira posição, um grande impacto no seu mercado, gerando inovações disruptivas ou radicais que tendem a ser seguidas pelos concorrentes de comportamento defensivo. São reconhecidos como inovadores ofensivos, em seus mercados, a Apple de forma perene; a Google, Netflix e Spotify, no início das suas operações.

Os seguidores são conhecidos por adotarem estratégia tecnológica defensiva, o que lhes traz algumas vantagens especificamente em relação aos resultados da inovação, quando implementada pelos concorrentes ofensivos. Eles podem adotar comportamento de seguidores rápidos, adotando as novas tecnologias no curto prazo ou serem seguidores lentos. Mesmo com essa postura, os seguidores podem manter os seus mercados em razão da confiabilidade que oferecem aos seus consumidores ou por atenderem nichos que não sensíveis às mudanças tecnológicas rápidas ou que sejam sensíveis ao preço. A Samsung é uma empresa que adota a estratégia defensiva.

A estratégia imitativa, como já mencionado, pode ser uma opção típica de empresas que não dispõem de recursos suficientes para custear a infraestrutura de P&D e essa opção coopera para a sobrevivência do negócio. Algumas empresas são imitadoras simples e outras adotam a imitação criativa como uma possibilidade de acumulação de competências tecnológicas.

Drucker (2006) considerava a imitação criativa uma forma de gerir a inovação com redução de riscos e dos investimentos em Pesquisa e Desenvolvimento, com a vantagem "do imitador que se aproveita dos erros do pioneiro". Muitos imitadores praticam a chamada engenharia reversa como uma técnica de aprendizado tecnológico e de adição de valor ao artefato ou ao modelo imitado (LUZ, SANTOS, 2007; VENTURA, 2013). Por exemplo, o modelo Fordista serviu de referência para a formulação do Sistema Toyota de Produção.

Levitt (1966) destacou outros imitadores que se beneficiaram com a curva de maturidade da Pesquisa e Desenvolvimento e testes de mercado feitos pelos inovadores originais, entre eles, a IBM que entrou nos computadores como um imitador; a empresa Texas Instruments, que inovou em transistores como um imitador; a hoteleira Holiday Inns, que ganhou a preferência em motéis como um imitador; e mesmo a Editora *Playboy,* tanto em publicação e como no entretenimento teria progredido como imitador.

É importante ressaltar a perspectiva ética da imitação, mesmo a criativa, do ponto de vista da propriedade intelectual. Uma forma honrosa de atender a dimensão ética são os licenciamentos e franquias, ou compra de direitos de exploração de patentes. Porém, há reconhecimento da possibilidade de uso ético da imitação, especialmente por meio da engenharia reversa, nas seguintes circunstâncias, apontadas por Luz e Santos (2007):

- O fabricante original deixou de fabricar o produto ou seus componentes; ou já não existe. Porém, a clientela ainda necessita ou do produto ou das peças de reposição.
- A documentação do projeto original é insuficiente ou inexistente.
- Proporcionar avanços e explorar melhorias nas características do produto, mediante imitação criativa.
- Adicionar valor ao reforçar os bons aspectos percebidos, ou atualizando a tecnologia embarcada, em um produto de longo ciclo de vida.

- Para conhecer as características positivas e negativas dos produtos competidores ou substitutos.
- Para estabelecer o *benchmarking* competitivo.

As empresas dependentes da inovação são as que precisam se adequar rapidamente ao modelo de operação de clientes ou de grandes fornecedores. Essa estratégia ocorre em cadeias de fornecimento de empresas motrizes de base tecnológica, ou por imposição das suas matrizes, e ainda por fatores externos como queda nas vendas, aumento sistemático na rejeição de produtos ou serviços. Na indústria aeronáutica, quando um projeto de um avião é alterado para melhoria de desempenho, ou economia de combustível ou redução de peso, vários elos da cadeia produtiva são inseridos no âmbito da mudança.

A estratégia tradicional, ou oportunista, refere-se à adoção da inovação de modo reativo ou por uma conveniência de mercado. Por isso, mesmo não possuem estruturas de P&D próprios.

As empresas identificadas como tradicionais ou oportunistas geralmente atuam em mercados de baixa ou nula concorrência em que as mudanças tecnológicas ocorrem de forma lenta e de pouco impacto. Tendem a adotar processos de melhoria contínua nos produtos adaptando-se às exigências normativa ou de consumo ou visando a redução de custos.

A opção pela inovação deve ser uma decisão de posicionamento estratégico de uma empresa e estar alinhado com o modelo gerencial da empresa e seu *modus operandi*, e estar em convergência com a estrutura, processos, tecnologia e o capital intelectual.

A Figura 12 exibe o alinhamento entre as estratégias de negócio e de inovação.

Figura 12 – Alinhamento das estratégias

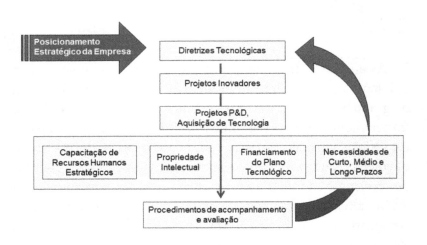

Fonte: Mattos e Guimarães (2005)

As empresas que adotam a estratégia ofensiva ou defensiva, portanto, com considerável dependência das atividades de P&D, têm na inovação o recurso central de sustentação do negócio. Ou seja, utilizam a estrutura da inovação para garantir a posição de liderança no setor, se ofensivas, ou para se adequar rapidamente às exigências e mudanças do mercado, se defensivas.

Assim, por inferência, o modelo de negócios e de operação das empresas que operam estratégias ofensivas convergem para distinguir o produto, mediante da diferenciação e no conhecimento aprofundado das necessidades, ou preferências, dos seus clientes e proporcionam a entrega de produtos e serviços diferenciados como valor, ou solução total ao cliente.

E as empresas que atuam nos limites das fronteiras tecnológicas, dados os investimentos continuados na P&D, capacitam-se para entregar ao mercado produtos derivados da inovação disruptiva, muitas vezes derivadas das tecnologias-chave geradas pela empresa, mas que serão mais simples, ancoradas em nichos de mercado de limitada competição, com preços acessíveis aos clientes. O valor entregue neste caso, é o atendimento de demanda de um nicho sensível ao preço do produto.

Ainda por inferência, as empresas que definem a sua estratégia como baseada em valor levam em consideração que a percepção de valor que os seus produtos, processos ou serviços capturam dos seus clientes. Na adoção da estratégia de inovação imitativa, a oferta de produtos atende a demanda do cliente, sem a agregação de custos das atividades de P&D, então o preço é fator de decisão quando a funcionalidade for semelhante.

Na inovação por estratégia dependente, a sensibilidade se dá ao aporte da tecnologia. Assim, a imposição de matriz para implementação é irrelevante para o consumidor, desde que o produto tenha conteúdo tecnológico mais atualizado.

No caso das empresas que adotam estratégia de inovação tradicional ou oportunista, por atuarem em mercados de baixa ou nula concorrência, de mudanças tecnológicas lentas e de baixo impacto o foco é a redução de custos, obtidas com o modelo de excelência operacional, com enfoque na oferta dos produtos que já fornecem.

O Quadro 13 sintetiza as inferências apresentadas.

Quadro 13 – Convergência entre a Inovação e a Estratégia Organizacional

Foco da Inovação para o negócio	Estratégia de Inovação predominante	Modelo de Operação	Autor	Convergência com a Estratégia Organizacional
Sustentadora	Ofensiva (+) Defensiva (-)	Foco em clientes sofisticados e exigentes. Produtos/ serviços com desempenho superior. Baseadas em Excelência Tecnológica com aporte de inovações incrementais ou radicais. Ex: Ferrari	Christensen (1997)	Foco na diferenciação (Porter, 2005, [1980]) Intimidade com o Cliente (Treacy & Wieserma, 1995)
Disruptiva	Ofensiva (-) Defensiva (+)	Soluções simples, convenientes e econômicas, porém revolucionárias, destinadas aos clientes novos ou menos exigentes. Combina tecnologias já existentes, redefinindo modelos existentes. Promove crescimento acelerado. Ex: Jatos regionais Embraer.	Christensen (1997) Christensen & Raynor (2003)	Excelência operacional (Treacy & Wieserma, 1995) Liderança no custo (Porter, 2005, [1980])
Baseada em Valor	Imitativa (+) Dependente (+) Tradicional ou oportunista (-)	Redução de custo, com valor agregado. Reconstrói as fronteiras do mercado e setores. Atende produtos no auge da maturidade ou em declínio. Ex: Bens de consumo não duráveis	Kim & Mauborgne (2005)	Enfoque (Porter, 2005 [1980]) Excelência Operacional (Treacy & Wieserma, 1995)

Fonte: Adaptado de Takahashi & Takahashi (2011, p. 121)

Resumidamente, o Quadro 13 propõe que seja observada a necessidade de alinhamento e convergência entre as estratégias de inovação ao modelo de gestão do negócio, com ênfase ao mercado atendido, de forma a induzir o delineamento da estrutura de P&D, recursos, tecnologia, pessoas, processos e das atribuições e responsabilidades da área de Gestão da Inovação.

5   O PROCESSO DE INOVAÇÃO

Sobre o processo de inovação, as empresas que adotam estratégias ofensivas ou defensivas são, então, mais orientadas para a inovação em produtos, processos e serviços, em geral, mantêm uma estrutura de Gestão da Inovação que envolve as funções de Planejamento e de Organização de Recursos, incluindo profissionais qualificados, com grande empenho para identificar as tendências de mudanças no ambiente de negócios.

Da mesma forma, as organizações tecnológicas que dependem dos resultados de P&D para trazer novos produtos ao mercado ou implantar novos programas de desenvolvimento tecnológico, têm a tarefa especialmente difícil de fazer previsões a longo prazo a respeito das tecnologias envolvidas, e se antecipar a mudanças socioeconômicas relevantes, de modo a orientar eficazmente seus programas de P&D. Para tanto, essas empresas, em especial a Gestão da Inovação, organiza os processos de análise externa e os realiza mediante o cumprimento das seguintes etapas, propostas por Tidd, Bessant e Pavitt (2005):

- **Identificação de ameaças e oportunidades** que indiquem mudanças nos produtos, processos e serviços: iniciativa geralmente feita como uma etapa de monitoramento do ambiente de negócios e que deve ter em perspectiva eventos e tendências que possam desatualizar os produtos comercializados, processos produtivos e serviços oferecidos aos clientes.

- **Análise das ameaças e oportunidades de mudanças** detectadas; seleção e definição das prioridades de mudança e decisão sobre as inovações a serem implementadas.

- **Implementação**, a partir de um plano que contemple: ações sobre a aquisição dos conhecimentos para inovação, eventualmente novas tecnologias a serem adquiridas, execução do projeto de inovação, lançamento da inovação no mercado e gestão das melhorias necessárias à inovação; agregação de valor como a adoção de preceitos da sustentabilidade na sistematização da inovação, criação de processos de aprendizagem e melhoria na gestão do processo.

De uma forma mais abrangente, o processo de inovação pode ser gerador de demandas internas por novas competências sem as quais, outras soluções, incluindo parcerias e alianças estratégicas que devem ser consideradas. A Figura 14 oferece a trajetória e os níveis de demanda.

Figura 14 – Fluxo e Demandas do Processo de Inovação

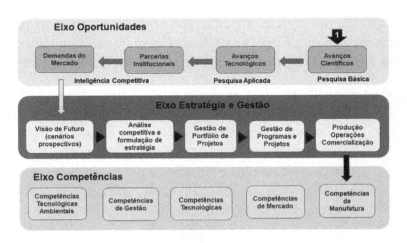

Fonte: Adaptado de Takahashi & Takahashi (2011)

Uma das decisões a serem tomadas no processo de inovação é a modalidade de inovação que será aplicada ao processo de P&D. Neste sentido, o processo de inovação poderá ser: fechado, semiaberto, aberto ou em regime de cocriação.

5.1 MODALIDADES DO PROCESSO DE INOVAÇÃO

O progresso obtido ao longo das revoluções tecnológicas definiu, em grande medida, o quadro atual de atividades econômicas e educacionais, criando novas áreas de conhecimento à medida em que novas descobertas, novos materiais e novas fontes de energia e de insumos produtivos eram revelados.

O domínio das tecnologias de informação e comunicação permitiram acessar o conhecimento externo e ampliar o potencial de inovação em produtos, processos e serviços. Assim, ficou evidente que as inovações mais impactantes tenderiam a demandar conhecimentos multidisciplinares. Essa constatação, somada às dimensões tempo e custos, explica as diferentes modalidades de inovação.

5.1.1 Inovação Fechada

Houve um tempo em que as empresas que desenvolviam alta tecnologia, para salvaguardar suas descobertas, optavam pela modalidade de inovação fechada em todas as fases do processo. Essa modalidade de inovação se caracteriza pela internalização do processo inovativo. Ou seja, desde a pesquisa, a concepção, desenvolvimento, prototipagem e testes são desenvolvidos internamente e em sigilo. As informações sobre os avanços ficavam restritas aos pesquisadores e a alta direção da empresa e, em alguns casos, em níveis de acesso que eram definidos pelo critério de envolvimento no processo e da confiança. As restrições de acesso eram diretamente proporcionais ao valor estratégico atribuído à inovação.

Há o caso célebre da receita da Coca-Cola, desenvolvida em 1886, pelo farmacêutico americano John Stith Pemberton, e que deve ser o segredo mais bem-guardado do mercado até os dias atuais, muito embora tenha sido objeto de espionagem industrial e de factoides nos jornais, em várias ocasiões, uma delas em 1979. Por essa razão, segundo a própria empresa, a fórmula completa é de conhecimento de apenas dois executivos da empresa e esse conhecimento somente é compartilhado no processo de sucessão.

O fato é que o produto, pioneiro, tornou-se uma referência em bebidas refrescantes e o esforço para imitá-lo, ou reproduzir o seu sucesso, deu origem a diversos refrigerantes. Para preservar os segredos do negócio a empresa desenvolveu um código de confidencialidade que condena as seguintes atitudes:

> *Comprometer a integridade, disponibilidade ou confidencialidade de informações não públicas na posse da The Coca-Cola Company; deixar de excluir / destruir imediatamente informações confidenciais ou dados pessoais que você pode acessar inadvertidamente; divulgar publicamente qualquer vulnerabilidade potencial sem o consentimento expresso por escrito da The Coca-Cola Company; intencional ou negligentemente causando uma condição de negação de serviço para qualquer usuário além do pesquisador; exploração de qualquer vulnerabilidade que envie mensagens não solicitadas ou não autorizadas em massa (spam); realização de pesquisas através de engenharia social ou outros meios enganoso, realizar pesquisas conectando-se fisicamente a uma rede ou dispositivo dentro de uma instalação operada pela The Coca-Cola Company; realização de pesquisas contra qualquer dispositivo de distribuição de alimentos ou bebidas (Freestyle, Purefill, Intelligent Vending, Connected Coolers etc.); pesquisa de segurança realizada por funcionários ou funcionários*

contingentes da The Coca-Cola Company e subsidiárias e entidades controladas nas quais a The Coca-Cola Company possua uma participação majoritária ou que gerencie as operações [...] (THE COCA-COLA COMPANY, 2021).

O modelo de inovação fechada tem sido o modelo adotado no campo da Defesa Nacional, para o desenvolvimento das Tecnologias Militares Críticas – TMC, principalmente no âmbito da pesquisa básica e do investimento público em áreas de interesse nacional. Mas, é preciso considerar o custo da inovação fechada no contexto das inovações desenvolvidas por empresas. Empresas que disponham de uma estrutura completa de P&D podem tratar a inovação de produtos, serviços e processos em etapas, algumas das quais como um processo de inovação fechada. E proteger a propriedade intelectual da inovação.

Qual será a estratégia da Pfizer para lidar com o fim da patente de Viagra?

O vencimento da patente de qualquer medicamento sempre afeta, em maior ou menor grau, a indústria. É um processo natural do negócio farmacêutico, bem como de outros setores, e a Pfizer se planeja para isso. Para minimizar os impactos, investimos em pesquisa e desenvolvimento de novos medicamentos, firmamos parcerias e fazemos aquisições. A compra da Wyeth sinaliza uma das estratégias da companhia, que pretende ser a maior empresa biofarmacêutica do mundo. Por outro lado, o vencimento de uma patente também gera oportunidades. O Viagra é a marca do segmento de disfunção erétil. Seu valor é incalculável. Nosso objetivo será defender essa marca junto aos médicos, pacientes e canais de comercialização. Acreditamos que Viagra continuará no mercado convivendo com genéricos e similares.

> Outra forma de lidar com o impacto da perda de patente é crescer no segmento de produtos maduros ou estabelecidos. Apesar de a Pfizer ser uma empresa de inovação em medicamentos, seu portfólio de produtos maduros é vasto. Estamos falando de medicamentos já consagrados. Só para se ter uma ideia, aproximadamente 35% das vendas da Pfizer no Brasil são de produtos maduros, já estabelecidos. Assim, somado os produtos inovadores e a linha de produtos maduros, seguiremos convivendo de forma saudável com a perda de patentes.
>
> Fonte: PFARMA – https://pfarma.com.br/noticia-setor-farmaceutico/mercado/235-pfizer-tenta-comprar-laboratorios-para-aliviar-perda-de-patentes.html. Acesso em 16 mar. 2023.

Sendo um modelo de baixa ou nula interação, a inovação fechada ficou conhecida como *Black Box Model*, ou seja, Modelo Caixa Preta. Rocha, Santos e Vieira (2018) destacam que no primeiro modelo que surgiu nas décadas de 1950 a 1960, a inovação não foi um fator de alto impacto para a economia industrial, principalmente por seus achados, até então, mais relacionados à pesquisa básica e à criação de conhecimento científico.

Algumas vantagens podem ser relacionadas à modalidade de inovação fechada, a saber: detenção exclusiva dos direitos de propriedade intelectual e controle dos direitos de uso; apropriação do conhecimento em inovações secundárias.

Porém, ao longo do tempo, a conveniência de se manter grandes estruturas e diversificadas competências técnicas nas estruturas de P&D pareceu uma excentricidade, incompatível com o aumento da complexidade e da necessidade de conhecimentos externos e cada vez mais sofisticados.

5.1.2 Inovação Aberta

Um dos aprendizados com as tecnologias de informação e de comunicação mais recentes é que as fronteiras entre a empresa e o ambiente de negócios estão cada vez mais indivisíveis e efêmeras. Uma organização, ainda que tenha uma sede fisicamente instalada e outros prédios, poderá expandir-se virtualmente, o que traz oportunidades de aproximação com diferentes mercados e diferentes necessidades dos consumidores (SANTOS, 2003), estendendo-se ao potencial de geração de inovação, por meio da construção de redes de relacionamento.

A inovação aberta, termo cunhado por Chesbrough (2003) pressupõe que as empresas podem e devem usar fontes de conhecimento, criatividade e informação internas e externas para gerar novos produtos, serviços e processos que atendam as demandas do mercado, seguindo os avanços tecnológicos, à medida que as empresas procuram avançar sua tecnologia. O conceito da inovação aberta sugere a combinação de ideias internas e externas em uma arquitetura de inovação, alinhada ao modelo de negócios.

Na inovação aberta, o processo inovativo é baseado em "fluxos de conhecimento intencionalmente gerenciados além das fronteiras organizacionais, usando mecanismos pecuniários e não pecuniários em linha com o modelo de negócios da organização" (CHESBROUGH, BOGERS, 2014, p. 17).

A intencionalidade diz respeito às vantagens que podem ser obtidas quanto ao ciclo de desenvolvimento das inovações, sendo tempo e custo as dimensões geralmente predominantes.

O processo de inovação, em particular na lógica da inovação aberta, é explicado por premissas bem estabelecidas, segundo Dosi (2006) e Santos (2015) e justificam o compartilhamento de custos e riscos:

- O caráter de incerteza inerente as atividades de pesquisa e de inovação;
- O rápido deslocamento das fronteiras tecnológicas que definem os diferentes níveis e ritmos das mudanças técnicas ao mesmo tempo em que provocam a obsolescência acelerada das tecnologias em uso; e,
- A evolução das tecnologias, ao longo do tempo, apresenta certas regularidades significativas, o que torna possível defini-las em certas características tecnológicas, econômicas dos produtos e processos. E, para tanto, é necessário observar as mudanças de forma ampla.

Assim, pode-se compreender que a inovação aberta é baseada em trocas estabelecidas com público de interesse, podendo referir-se à P&D interorganizacional, como foi o caso do desenvolvimento da bateria elétrica feita mediante acordo de cooperação tecnológica entre os principais concorrentes – Fiat, Ford e GM.

Ou ainda, baseada na contribuição de consumidores cujas sugestões podem ser hospedadas em funções como Serviço de Atendimento ao Consumidor ou engajadas mediante plataforma de inovação, como foi o desenvolvimento do projeto Fiat Mio, um carro idealizado em regime de cocriação com os futuros consumidores; ou ainda, em parceria com usuários da tecnologia inovadora, como foi o clássico caso do desenvolvimento do sistema Linux.

> **Você já imaginou como seria o carro do futuro?**
>
> Em 2009, a Fiat criou o site www.fiatmio.cc um audacioso projeto que atingiu mais de 2 milhões de acessos!
>
> Em 2010, no salão do automóvel, a Fiat apresentou o Mio. O Fiat Mio foi um carro conceito gerado com processo de inovação aberta, com mais de 17.000 pessoas de 160 países, que enviaram mais de 11.000 ideias.
>
> Fonte: YLX. Crowdsourcing na Prática: Caso do Fiat Mio. Ed. 20 jul. 2020. Yuria Lázaro. Disponível em: https://yurilazaro.com.br/2020/07/20/crowdsourcing-na-pratica-caso-do-fiat-mio-20-de-julho-de-2020/. Acesso em 16 mar. 2023.

A cocriação, termo proposto por Prahalad e Ramaswany (2004), é uma modalidade de inovação tipicamente aberta, durante a qual pessoas ou organizações externas à empresa, em rede, participam do processo inovativo, adicionando valor ao produto, processo ou serviço a ser entregue ao mercado. Essa forma de contribuição, que como já citado poderá ser recompensada ou não, refina a percepção de demanda de nicho, o que permite a customização e melhor solução entregue, oferecendo importantes argumentos para a comercialização.

O processo de cocriação é aberto na coleta de ideias sobre o objeto da inovação, e gradualmente afunila-se na direção do interesse e da viabilidade técnica, econômica e tecnológica das sugestões obtidas. Naturalmente, algumas serão aceitas e, eventualmente, outras sugestões não serão. As ideias não implementadas em um dado momento, poderão ser apropriadas em outros projetos. Assim, uma das questões acerca do processo de inovação em regime de cocriação, ainda em pacificação, é a competência da propriedade intelectual.

A propriedade intelectual resultante da cocriação tende a ser residente na instituição que assumiu os custos e riscos do projeto ou ser compartilhada com as instituições que detenham responsabilidade solidária sobre o processo. A cessão compartilhada dos direitos de propriedade intelectual entre empresas e instituições pode, e deve, ser contratualmente estabelecida. De qualquer forma, quando há participação de consumidores, pessoas físicas, em plataformas de *crowdstorming* – apresentação de ideias em espaços compartilhados – as regras sobre os direitos de propriedade intelectual quando da adoção de ideias propostas, precisam ser estabelecidas no início do processo.

Kesämaa e Mattila (2022, p. 22) sugerem que "os direitos de propriedade intelectual (DPI) sobre os resultados devem sempre ser acordados de antemão, garantindo que todos os envolvidos entendem o seu significado".

5.1.3 Inovação Semi Aberta

A gradualidade e a conveniência em relação à abertura dos processos de inovação constituíram um modelo híbrido, denominado de inovação semiaberta, que tem o reconhecimento na literatura científica recente. A constatação da existência de um gradiente de abertura para a participação de entres externos à organização, compatível com os interesses que organização detentora do processo tem em disseminar a inovação, justificaria a opção pela modalidade semiaberta ou aberta do processo de inovação (BOGERS, 2011).

Lundvall (2010) ressalta que a inovação também se refere a um processo de aprendizagem estabelecido por diferentes indivíduos de um setor ou por interessados em uma tecnologia específica que, em rede, trocarão informações, técnicas e suas impressões sobre como melhorar as funcionalidades técnicas ou materiais dos produtos, processos ou serviços em desenvolvimento.

Barge-Gil (2010, p. 11) propõe a inovação semiaberta como estratégia para compreender situações como no caso de "as firmas utilizarem o conhecimento externo, mas esse conhecimento não é crucial para sua inovação". Rocha, Santos e Vieira (2018) consideram que a inovação semiaberta oferece um processo intermediário de inovação e pode ser um meio de aceleração do conhecimento para atender necessidades de domínio sobre determinadas tecnologias para todos aqueles envolvidos no processo. E ainda, que os fatores regionais, como a especialização regional, podem contribuir para o nível de abertura no processo de inovação em P&D.

Alguns aspectos geográficos relacionados ao local em que a inovação ocorre, podem influenciar os níveis de interação para a inovação. Regiões periféricas, menos acessíveis, por exemplo, tendem a formar ambiente de inovação privilegiando as especializações nucleadas pela presença de universidades, institutos de ciência e tecnologia, parques tecnológicos ou incubadoras de empresas, reforçando as vocações regionais em construção por esses agentes. O mesmo pode ocorrer quando há concentração de empresas em nichos tecnológicos (NELSON E WINTER, 1982; SAXENIAN, 1996).

Um dos aprendizados envolvidos na escolha de qual processo interativo uma empresa deve adotar está relacionado à fonte da inovação à qual recorrer. Um modelo de baixa interação externa presume que as informações e o conhecimento está nos domínios da organização. Por outro lado, quando o processo é dependente de informações e conhecimentos externos consolidados, o nível e interação inovativa tende a ser maior.

- São fontes internas de inovação as atividades de P&D, programas de melhoria contínua; comunidades internas de práticas entre outros.

- São fontes externas de inovação contratação de consultorias especializadas, contratos de licenciamentos, comunidades de práticas externas, aquisição de patentes e de tecnologias.

Questões como a urgência na aplicação do conhecimento consolidado e custo de desenvolvimento interno desse conhecimento, são duas variáveis a serem consideradas na adoção da estratégia de inovação.

5.2 MODELOS DE ARTICULAÇÃO PARA A INOVAÇÃO

Muitos dos avanços recentes em Ciência e da Tecnologia têm sido obtidos de modo interativo. Na literatura sobre inovação, um dos primeiros trabalhos e modelos acerca da interação inovativa foi desenvolvido por Sábato e Botana (1968) e ficou conhecido como Triângulo de Sábato, como já mencionado nos primeiros capítulos desta obra. Nesse modelo, os autores propuseram uma estratégia de inovação que permitiria aos países da América Latina inserir-se no contexto nas nações avançadas em Ciência e Tecnologia (FIGUEIREDO, 1983), a partir das relações entre governo, infraestrutura de Ciência e Tecnologia e estrutura produtiva.

O Triângulo de Sábato presume três tipos de interações: a) relações internas de cada ator; b) relações entre os três atores; e, c) relações entre qualquer um dos três atores e atores externos. O modelo sugere que a inovação tecnológica resulta da orquestração entre diferentes forças facilitadoras ou inibidoras, que combinam a estrutura produtiva, a infraestrutura tecnocientífica e a estrutura econômico-financeira, sendo essa caracterizada por um conjunto amplo de fatores, como mobilidade social, sistema de valores da sociedade, meios de comercialização, para citar alguns (FIGUEIREDO, 1983). Assim, questões de contexto são relevantes forças na dinâmica da inovação tecnológica e, para ser inclusiva, na dinâmica das mudanças socioeconômicas e culturais.

No modelo de Sábato e Botana, um triângulo equilátero, cada ente desempenha um papel com relativo equilíbrio de forças, ocupando cada um dos vértices. O governo exerce a orquestração por meio das instituições responsáveis pela formulação e implementação de políticas públicas; e pela transferência de recursos de fomento tanto para a produção quanto para a Ciência e Tecnologia. A estrutura produtiva tem o papel de prover atendimento às necessidades da sociedade. A infraestrutura de Ciência e Tecnologia atua tanto na formação de profissionais para o mercado de trabalho quanto entrega mão de obra qualificada para as atividades de P&D, sejam elas decorrentes de projetos acadêmicos ou da pesquisa aplicada, desenvolvida em Centros de P&D.

Em meados da década de 1990, Leydesdorff e Etzkowitz (1998) divulgaram o enunciado da **Hélice Tríplice**, como uma representação da dinâmica de interação inovativa realizada entre o governo, as universidades e as indústrias. Segundo os autores, houve um debate tanto sobre a base empírica da Hélice Tripla, quanto sobre suas implicações normativas. Observou-se que, as circunstâncias poderiam definir até, no mínimo, até três formas de interações no modelo de Hélice Tríplice:

- Na Hélice Tríplice I, as três esferas são definidas institucionalmente (universidade, indústria e governo). Interação por meio de outras fronteiras defendidas e mediadas pela organização, explorando as relações entre indústrias, a transferência de tecnologia e os escritórios de contrato;

- Na Hélice Tríplice II, as hélices são definidas como diferentes sistemas de comunicação entre o funcionamento dos mercados, as inovações tecnológicas e o controle das interfaces. As interfaces entre essas novas formas de comunicação, conectando-as, por exemplo, com novas funções como a transferência de tecnologia sustentada ou, com uma nova legislação de patentes.

- Na Hélice Tríplice III, as esferas institucionais da universidade, indústria e governo, além de desempenharem suas funções tradicionais, cada uma assume os papéis das outras, com as universidades criando uma mancha industrial, ou seja, um núcleo embrionário da indústria em um campo de especialização industrial, ou desempenhando um papel quase governamental como organizador de inovação regional ou local.

Leydesdorff e Etzkowitz (1998, p. 196-197) consideram que esses diferentes modelos de Hélice Tríplice descrevem diferentes tipos de interseções, condicionadas às circunstâncias em que um ou outro ator assume o papel do outro, eventualmente protagonizando o processo de inovação. Essa constatação de ocupação de papéis entre as esferas institucionais traz "implicações significativas tanto para a teoria como para a prática".

O modelo Hélice Tríplice continuou evoluindo, ao longo da pesquisa dos originais, a partir da observação sobre o refinamento das relações e do surgimento de novos atores e de novos papéis, resultando na modalidade de hélice tríplice gêmeas (ETZKOWITZ, ZHOU, 2006), na qual se inserem debates contundentes acerca da inovação responsável, tendo em vista que a prioridade dos avanços tecnológicos, até então, priorizem massivamente processos industriais com repercussão mercadológica acima da proteção da Humanidade. Neste ponto, a inovação é destacada sob a ótica da sustentabilidade.

Etzkowitz e Zhou (2017) destacam que a Hélice Tríplice ofereceu um método para identificar as forças e as lacunas, entre os atores, no processo inovativo, com a finalidade de desenvolver a fonte geradora do desenvolvimento socioeconômico baseado nas interações entre os três atores. Na evolução dos estudos da interação inovativa, novas "hélices" foram propostas por outros autores.

- **Hélice Quádrupla:** Elaborado por Carayannis e Campbell (2009), esse modelo adiciona o elemento sociedade, em razão da influência que esse elemento tem sobre a dinâmica da inovação, ao demandar novos produtos, serviços e processos ajustados aos novos padrões de consumo. A partir de meados da década de 2000, por exemplo, houve aumento da demanda por produtos sustentáveis e por produção limpa, com consequências, positivas ou negativas, no valor de mercado das empresas, com clara preferência dos consumidores por modelos de negócios e por organizações comprometidas com a preservação do meio ambiente.

- **Hélice Quíntupla:** O quinto elemento a ser inserido no conceito evolucionário das hélices, delineado por Carayannis, Barth e Campbell (2012), é o meio ambiente, que ganha considerável repercussão em razão da conscientização e demanda por políticas de preservação do ambiente e da continuidade do progresso das futuras gerações.

O aprendizado acerca das hélices trazem uma novidade importante; nas relações inovativas, as interações podem evocar inserção de agentes não humanos na rede de relacionamentos. O que fundamenta essa visão evolucionária é o alcance dos novos conhecimentos que permitem articular pessoas, fatos e consequências.

5.3 MODELOS DE INTERAÇÃO

A interação permite acesso mais rápido aos novos conhecimentos, recursos e desenvolvimentos tecnológicos, permitindo o surgimento de novas tecnologias acopladas à tecnologia principal, além de ampliar a possibilidade de aplicação das soluções tecnológicas. O nível de interação pode ser definido, novamente, por ganhos de tempo ou redução de custos, pela complexidade do conhecimento requerido, disponibilidade restrita de conhecimento e tecnologia, e pelos ganhos compartilháveis.

Uma pesquisa conduzida por Schaeffer (2015), ao estudar empresas e universidades identificou os determinantes da interação, e concluiu que os fatores endógenos, como o "tamanho da firma, os investimentos em P&D e as capacidades de inovação" são variáveis importantes na interação inovativa. "Em relação aos determinantes do nível de interação e do desempenho da firma comprovam que "o nível tecnológico das empresas é determinante do nível de interação das firmas com as universidades; contudo, são as variáveis internas às firmas, e não as externas, que ditam esse nível" (SCHAEFFER, 2015, s/p.).

Ao tratar a expressão nível tecnológico, leve-se em conta que a empresa detém a estrutura industrial que possibilita produzir ou testar novos artefatos e processos e as universidades as estruturas de pesquisa que caracterizam o desenvolvimento dos projetos em Ciência e Tecnologia, como laboratórios e pesquisadores dotados de conhecimentos. Assim, a interação se justifica tanto pelas capacidades de produção quanto pela difusão de conhecimento.

Desde os anos de 1950, a literatura tem buscado descrever como se processam as interações e os agentes envolvidos. E o primeiro modelo teórico que tentou evidenciar a relação entre Ciência e Tecnologia e mercado foi denominado de Modelo Linear. Esse modelo predominou ao longo das décadas de 1950 a 1970, e a interação garantia que as descobertas trazidas pela Ciência e Tecnologia impulsionassem as inovações lançadas ao mercado.

Assim, as inovações eram ou decorrentes da C&T, ou empurradas por elas. Essa interação ficou conhecida como *Science Push e Technology Push*. E, por essa razão, a pesquisa científica assume o papel de fonte de novas tecnologias e de novas descobertas, com potencial de aplicação pelas indústrias.

Nesse modelo, a inovação derivada da pesquisa científica é vista como uma atividade que antecede à produção industrial, tendo uma finalidade econômica e comercial. E como objeto da atividade industrial esse processo deve ser gerenciado, como se definiu anteriormente.

O modelo linear delineou uma função econômica para a pesquisa científica e as atividades de P&D pautada pela ciência foram vistas como um meio de geração de progresso tecnológico e socioeconômico, destacando a necessidade de participação do governo no financiamento de C&T. No Brasil, essa justificativa parece responder à disseminação de institutos de ciência e tecnologia, como o Instituto Nacional de Pesquisas Espaciais, em 1961; as Fundações de Amparo à Pesquisa, em 1962; a Financiadora de Estudos e Projetos – FINEP, em 1967; e o principal fundo gestor dos recursos de C&T, o Fundo Nacional de Desenvolvimento Científico e Tecnológico (FNDCT), em 1969.

Na década de 1980, as interações inovativas foram originadas da percepção de necessidades de mercado ainda não atendidas, o conhecimento científico disponível e as capacidades das empresas em pesquisa e *design* de produtos, produção, comercialização e distribuição dos novos produtos. A esse modelo deu-se o nome de *chain-linked model*.

O modelo, que foi originalmente descrito por Kline (1985) e revisto por Kline e Rosenberg (1986), utilizava os ciclos de *feedback* complexos entre todas as etapas, com troca de informações entre os participantes, e com a condução de pesquisas – científicas e de mercado – para aperfeiçoamento em diferentes etapas da cadeia de criação e produção.

A complexidade do ambiente de negócios e a sofisticação dos conhecimentos em C&T alcançada em países desenvolvidos dão origem ao modelo sistêmico de interação, na década de 1990. A premissa central desse modelo é a necessidade de reunir múltiplos conhecimentos para manter domínio da solução para a demanda da inovação. Ou seja, a empresa precisa integrar diferentes atores e instituições no seu processo inovativo, que deve ser baseado no estabelecimento de fluxos de conhecimento inovador e de informação contínuos e intensos, para garantir adaptações e a interoperacionalidade entre os atores.

O modelo sistêmico de inovação induz ao estabelecimento de uma rede de relacionamentos entre os diferentes atores e instituições, sustentada pelo conceito de Sistemas Locais, Regionais ou Nacionais de Inovação, tendo o abrigo de centros de pesquisa e governo, além da proximidade com instituições de ensino e seus projetos de pesquisa, e necessariamente com o mercado.

A Figura 15 apresenta os modelos de interação descritas neste tópico.

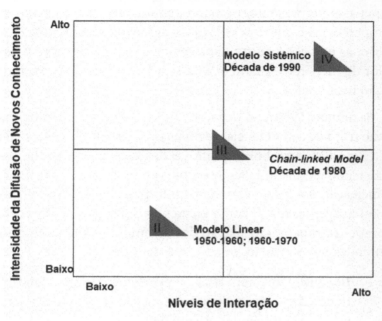

Figura 15 – Modelos de Interação Inovativa

Fonte: Adaptado de Gomes et al. (2015)

A Figura 15 revela como os modelos de interação foram sendo moldados, ao longo do tempo, pela troca de conhecimentos e pela interação entre os indivíduos que operam a Pesquisa e o Desenvolvimento aplicados. Embora possa parecer uma ausência, ressaltamos que o modelo baseado no Black Box, não foi propositadamente inserido em razão da sua baixa ou nula interação e baixa ou nula intensidade de difusão de novos conhecimentos, como explicado anteriormente.

Há casos em que a localidade constrói uma imagem como um polo tecnológico, especialmente quando há a presença de instituições de ensino e pesquisa de primeira linha. Um importante trabalho desenvolvido por AnnaLee Saxenian, na década de 1990, apurou os principais elementos que contribuíram para a transformação de cidades em polos de alta tecnologia, o quais, até o presente momento, continuam fortalecendo as competências tecnológicas locais e agregando valor, pela inovação, às empresas ali fundadas e que alcançaram sucesso em valor de mercado e mantêm essa reputação, liderando na inovação tecnológica.

Saxenian (1996), ao debater as aglomerações tecnológicas como fruto de competências regionais, no caso do Vale do Silício e da Rota 128, corrobora a premissa dos sistemas de aprendizagem, tendo nas instituições de ensino superior de primeira linha, a nucleação dos relacionamentos interpessoais e da mobilidade interorganizacional como elemento-chave para a inovação. Competiram para a formação das aglomerações tecnológicas estudadas por Saxenian, os seguintes fatores:

- **Localização Geográfica**: a localização de uma concentração tecnológica deve oferecer condições para desenvolver o empreendedorismo deve aproximar a atividade de P&D à da industrialização dos materiais e produtos decorrentes, ou seja, os parques tecnológicos derivados de instituições de ensino superior ao conjunto de empresas tecnológicas nascentes. A região deve apresentar um conjunto de vantagens, como a existência de instituições acadêmicas de classe mundial que favoreçam, de um lado, a pesquisa, e de outro, a concentração de trabalhadores altamente treinados e a oferta de cientistas reconhecidos. Outros aspectos seriam as condições climáticas, e geográficas, que devem ser atrativas e favoráveis.

- **Sustentabilidade Econômica:** um quesito fundamental é a garantia de aquisições de produtos de alta tecnologia para uso militar. No caso da Lockheed, após sua transferência para a Califórnia, em 1956, as compras do governo para ao setor da Defesa chegaram a 2/5 da produção.

- **Condições Socioeconômicas e Comunidade:** os trabalhadores da indústria de alta tecnologia formam uma categoria particular de empregados, sendo eles próprios, inovadores ou otimizadores tecnológicos. Os membros dessa sociedade tecnológica eram, originalmente ao menos, um grupo homogêneo com predominância de homens, engenheiros formados pela Stanford ou MIT que emigraram para a Califórnia, de outras regiões do país. Os empreendedores do Vale do Silício, na formação do aglomerado, compartilharam riscos, conhecimentos aplicados e, técnicas, formando suas redes de relacionamento de trabalho que, mais tarde, refletiriam a mobilidade funcional interfirmas. A rede de relacionamentos e a rapidez com que os novos conhecimentos especialistas eram gerados elevaram o nível de rotatividade da pequena e média empresa para 35% ao ano.

  Em alguns casos, a interação entre profissionais de diferentes firmas, daria origem a novos empreendimentos, apropriando oportunidades junto às fontes de financiamentos, capital de risco junto a investidores locais, e aconselhamento obtido junto às fontes acadêmicas.

  A interação social explicaria em grande parte a predisposição para a cooperação interfirmas, o que Saxenian (1996) explica como um elemento essencial da inovação em uma concentração tecnológica com alta densidade no quesito interação social.

- **Fluxo de Informações:** O rápido fluxo de informações de ordem prática tornou-se uma opção, em razão da pesquisa científica aplicada tinha que adaptar seus achados de pesquisa, para transformá-los em produtos de consumo. Assim, não surpreende o fato das mudanças rápidas encaminharem a produção para um alto nível de diversificação, o que contribuiu para tornar a região economicamente flexível e adaptável (SAXENIAN, 1996).

Ao final, a autora resume suas impressões da seguinte forma: o Vale do Silício tinha um sistema industrial baseado na região – isto é, ele promovia aprendizado coletivo e um ajustamento flexível entre as indústrias para fazer produtos dentro de um largo espectro de tecnologias. As densas redes de relacionamento regionais e a abertura de mercado de trabalho encorajaram o empreendedorismo e a experimentação (SAXENIAN, 1996).

Com relação à Rota 128, embora a ênfase na produção de produtos eletrônicos seja a mesma do Vale do Silício, essa região, vizinha à cidade de Boston (MA), apresenta condições históricas, geográficas, sociais diferentes da primeira e, em razão disso, talvez, um grau diferente de interação e cooperação entre firmas.

A presença de instituições de ensino tecnológico superior de classe mundial, como o Massachusetts Institute of Technology – MIT – e de centros industriais como Boston e Cambridge, aliados a oferta de profissionais altamente qualificados, nas áreas das Engenharias, foram fatores críticos para a formação dos aglomerados. Somam-se a esses fatores a proximidade com Centros de Pesquisa de grande reputação mundial, e pesquisadores atuantes no conhecimento no estado-da-arte, e a presença de agências do governo.

Saxenian (1996) enfatiza que o governo americano deu suporte ao desenvolvimento tecnológico dessas regiões, ao conceder financiamento público para a aquisição de recursos para as pesquisas.

As experiências eram coordenadas por renomados pesquisadores acadêmicos que, posteriormente, transbordavam o conhecimento e resultados para o desenvolvimento de produtos por meio das pequenas e médias empresas concentradas naquele local. Mazucatto (2014) reforça esse argumento ao relatar a transferência tecnológica da telefonia móvel para as empresas de alta tecnologia produzirem os dispositivos móveis, tendo na Apple um caso de sucesso.

O que significa dizer, que o governo apoiou a redução do ciclo da difusão dos novos conhecimentos e dos achados científicos para a estrutura industrial, responsável pela produção e comercialização de novos produtos, serviços e processos no mercado consumidor, especialmente no setor de alta tecnologia e, em particular, pela transferência tecnológica e pelo transbordamento de conhecimento das experiências desenvolvidas para o setor de Defesa.

A soma dos recursos intelectuais, científicos e financeiros com a disponibilidade de indústrias, atenderia duas necessidades de pesquisa: a busca por novos conhecimentos e o campo de aplicação ou mercado consumidor. E manteria o ciclo virtuoso do conhecimento em contínuo movimento. O resultado foi o grande avanço na Ciência aplicada e na expansão de empresas de base tecnológica além do estado de Massachusetts e estados vizinhos.

Com isso, houve um claro desenvolvimento da região: ao final dos anos 1990, Massachusetts era um dos 5 maiores estados em destinação de verbas federais para pesquisa e desenvolvimento: 60% da verba federal de P&D foi destinada à região da Rota 128, naquele mesmo período.

Saxenian (1996) descreve o sucesso da concentração regional, decorrente de uma ação combinada de três elementos essenciais, referido por ela como uma triangulação entre universidades, agências do governo e a indústria. Contudo, alguns contrastes em relação à atitude dos primeiros pioneiros do Vale do Silício observados por Saxenian referem-se à:

- A confiança na tomada de risco e nas parcerias é estabelecida com ênfase em valores definidos por convenção social, como o decoro; e confiança mútua entre os parceiros.

- As comunidades onde as empresas de alta tecnologia postaram-se, como Burlington, Lexington, e Cambridge, lastrearam seu comportamento sobre os pilares históricos da cultura e conduta americanas.

- As companhias existentes são descendentes das grandes indústrias que aglomeraram naquela área por mais de 150 anos.

- Houve baixa interação social entre os profissionais, principalmente explicada pelo sigilo típico da indústria da Defesa; pelos processos de recrutamento e seleção de profissionais, também sigilosos.

- A economia baseada em produção e em vendas militares encorajou uma atitude de autarquia corporativa, por tanto mais fechada, nas relações organizacionais, internas e externas.

- As produções destinadas ao uso militar do governo americano também contribuíram também contribuíram para a manutenção do comportamento tradicional e pouco interativo da comunidade, além de favorecer uma cultura corporativa autárquica, com forte rigor na hierarquia.

- A geografia e o clima exerceram forte influência no comportamento mais introspectivo dos empreendimentos de Boston. A localização mais difusa das empresas na Rota 128, fora da área metropolitana de Boston, diminuindo a probabilidade da interação.

- Outra diferença marcante refere-se ao perfil da gerência no Vale do Silício e na Rota 128. Nesta última, as escolhas recaiam sobre profissionais mais maduros, diferentemente dos jovens entre 20 e 30 anos contratados nas posições executivas do Vale do Silício. Esse fato deve ter influenciado a disposição em correr riscos na forma de organizar as empresas.

Para resumir a percepção de Saxenian sobre a Rota 128, a autora destaca que as 128 empresas existentes por ocasião da pesquisa, eram caracterizadas por modelos de gestão antiquados e centralizados, diferente do que se esperaria de um grupo de cientistas e dos gestores, em relação ao Vale do Silício.

As histórias, atitudes, e estratégias forjaram uma sociedade industrial similar na aplicação de alta tecnologia aos produtos manufaturados, porém muito diferente nos resultados econômicos e sociais, enfatiza Saxenian (1996).

E o legado deixado por essas aglomerações tecnológicas se revela pela quantidade de empresas atuantes no setor de alta tecnologia e pela atratividade que as vantagens locacionais, ou competências regionais (SAXENIAN, 1996) desenvolvidas a partir das universidades e centro de pesquisas, exercem sobre as empresas estrangeiras que se instalam nessas concentrações e se beneficiam do transbordamento de conhecimento das instituições e da mobilidade profissional de indivíduos altamente capacitados.

No Brasil, tem-se a experiência já mencionada do Vale da Eletrônica, no sul de Minas Gerais; o *cluster* aeroespacial de São José dos Campos, o ecossistema de inovação em Tecnologia da Informação, em Florianópolis; o ecossistema em tecnologia digital de Piracicaba – São Paulo, o tecnopolo de Porto Alegre; o ecossistema multivariado em conhecimento portador de futuro de Sorocaba; o Porto Digital em Recife, além de inúmeras comunidades de inovação espalhadas pelo país.

As maiores empresas de tecnologia estão no Vale do Silício (CA)		
∞ Meta | 𝐟	HEWLETT PACKARD	🍎🍎🍎🍎
Fundação: 04 fev. 2004 V.M. US$ 34,538 bilhões	Fundação: 01 nov. 2015* V.M. US$ 6,486 bilhões	Fundação: 01 abr. 1976 V.M. US$ 482,2 bilhões
yahoo!	intel	twitter
Fundação: Jan. 1994 V.M. US$ 1,6 bilhões (2021)	Fundação: 18 jul. 1968 V.M. US$ 32,916 bilhões	Fundação: 21 mar. 2006 V.M. 38,73 (2021)
NETFLIX	amazon.com	Adobe
Fundação: 29 ago. 1997 V.M. US$ 16, 375 bilhões	Fundação: 5 jul. 1994 V.M.: US$ 274,8 bilhões	Fundação: dez. 1982 V.M. US$ 30,660 bilhões
Microsoft	SAMSUNG	Google
Fundação: 4 abr. 1975 V.M. US$ 278,2 bilhões	Fundação em 13 jan. 1969 V.M. US$ 87,7 bilhões	Fundação: 4 set. 1998 V.M. US$ 251 bilhões
Legenda: V.M. Valor de Mercado. V.M. Valor de mercado em queda e não consolidado. Fonte: Best Global Brands (Interbrand, 2022). Disponível em https://interbrand.com/best-global-brands/adobe/. Acesso em 8 mar. 2023.		

No próximo capítulo o tema explorado refere-se aos ambientes de inovação e o transbordamento de novas tecnologias que eles oferecem para a sociedade industrial.

6 AMBIENTES DE INOVAÇÃO

As relações entre atores das esferas política, econômica, social e cultural têm sido discutidas sob o abrigo do conceito de ambiente de inovação que também deve incluir aspectos típicos da cultura, patrimônio histórico e da sociedade que interferem, com os seus legados, no nível de criatividade e modo de resolução de problema (QUINTAL *et al.,* 2015, p. 98). Os autores destacam também que os termos "ambiente de inovação", "ecossistema de inovação" e "habitat de inovação" são expressões sinônimas empregadas pela literatura especializada".

Embora os conceitos sejam convergentes e, nas visões mais recentes, sejam praticamente indissociáveis, há uma diferença apontada por Proulx (1994) e que é focada na abrangência do ambiente inovador, uma vez que o conceito tipicamente incorpora a sociedade local, os trabalhadores e as múltiplas organizações em suas múltiplas dimensões sociais e culturais.

Assim, o ambiente inovador pode ser conceituado como sendo uma "uma entidade socioterritorial caracterizada pela presença ativa pela presença ativa de uma comunidade de pessoas e de uma população de empresas em um determinado espaço geográfico e histórico" (BECATTINI, 1992, *apud* PROULX, 1994, p. 69). Essa definição sustenta o argumento de que os espaços de inovação como parque tecnológicos e incubadoras de empresas são, por territorialidade e interações sociais, classificados como ambientes de inovação.

Benevides, Santos Júnior e Bresciani (2012) destacam a teorização do debate sobre o ambiente de inovação – *milieu innovateur,* conduzida por Philippe Aydalot, segundo o qual, os comportamentos inovadores dependem de variáveis definidas local ou regionalmente. Para tanto, a disponibilidade de sistemas de aprendizagem tecnológica e a interação entre os participantes locais cooperam para o desenvolvimento de projetos comuns, de caráter inovativo. A delimitação geográfica do território fundamenta o conceito de ambiente inovador, porém, não se aplica às definições dos ecossistemas de inovação.

Nos *habitats* de inovação, o primeiro termo parece sugerir a codependência entre os atores em relação à finalidade, que é o segundo termo e representa a inovação tecnológica. As trocas são definidas em um espaço de aprendizado, físico e virtual, de interações que permitem a transferência de conhecimentos, adoção de melhores práticas de gestão da inovação e do processo produtivo, entre os diferentes membros (MELO, 2010).

No exemplo já apresentado do SENAI – Unidade de São Caetano do Sul, a existência de um *fab lab*, aceleradora de negócios, com escritórios de projetos, apoio à formalização de pedidos de patentes, espaços de *coworking*, palestras sobre temáticas de gestão, mercado e temas relacionados, sugerem a denominação de *habitats* de inovação.

De Nonaka e Konno (1998), vem a definição de *habitats* de inovação como espaços de valor agregado para socializar e exteriorizar o conhecimento, o que estimula a criatividade e a colaboração por meio de redes virtuais e presenciais, criando assim uma atmosfera onde o conhecimento pode se mover por todo o ciclo: extração, geração, troca, transmissão, combinação, uso e reutilização.

Para reduzir as ambiguidades entre os termos, a *International Association of Science Parks* (IASP), em 2013, incorporou oficialmente em seus documentos o termo "áreas de inovação", passando a ser denominada *International Association of Science*

Parks and Areas of Innovation, por considerar o novo termo suficientemente abrangente para comportar a elasticidade do conceito de espaço, considerando a oferta de uma estrutura de gestão, com autoridade e competências, e representatividade.

Assim, as definições sugerem que a diferença entre ambiente de inovação e habitats de inovação se refere à abrangência, mais ampla no primeiro caso, e no envolvimento direto dos membros, no segundo caso, com o processo de inovação. Porém, quanto à finalidade os dois conceitos são indiferenciados.

6.1 SISTEMAS NACIONAIS DE INOVAÇÃO

Em linhas gerais, um sistema nacional de inovação (SNI) representa uma aglomeração – física e virtual – de empresas, agentes públicos e mercado. O termo foi conceituado inicialmente definido por Freeman (1987), Lundvall (1992) e Nelson (1993) como sendo o conjunto de relações exercidas por diversos atores. Assim, estes atores formam um conjunto de instituições contribuindo para o progresso tecnológico e crescimento econômico das regiões em que operam.

Segundo Quintal *et al.*, (2015, p. 94), "esses sistemas são descritos por sua aptidão de interação, por meio da articulação desses componentes, para a produção de conhecimento, sua difusão e emprego, de modo competitivo e lucrativo". Assim, de forma direta, os SNI são difusores da inovação comercial por meio de novos produtos, serviços e processos. E esse tipo de inovação é geradora de ciclos econômicos valiosos, ao atender as demandas da sociedade e, para as empresas portadoras de estratégias ofensivas, por gerar demandas na sociedade. O Quadro 16 oferece uma relação, de forma não exaustiva, de atores que, potencialmente, influenciam a inovação.

Quadro 16 – Âmbito de Influência e Agentes Econômicos

Local	Regional/	Nacional / Global
Poder Público	Consórcio de Prefeituras / Governo	Leis e Regulamentos
Órgãos de fomento	Banco Empreendedor	FINEP/ BNDES; Banco Mundial
Agências Reguladoras	Agências Reguladoras	Agências Nacionais/ OMC
Órgãos de fiscalização	Órgãos de fiscalização	PROCON/ ONU/ OMC
Associações de empresas	Associações de Comércio e Indústria	FIESP/ CNI/ OMC
Famílias & Consumidores	Mercado	Mercado consumidor
Empresas manufatureiras	Industrias locais/ regionais	Indústrias nacionais e internacionais
Empresas de Serviços	Empresas de Serviços	Empresas de Serviços
Empresas Distribuidoras	Distribuidoras locais/ regionais	Empresas Distribuidoras
Instituições de Ensino	CTEC/ IFT/ Universidades	Acordos científicos
Centros de Pesquisa	ICT/ Parques Tecnológicos	ICT/ Cooperação tecnológica

Fonte: Santos (2021a)

Como apresenta o Quadro 16, os agentes econômicos públicos e privados quando propositadamente articulados, são compelidos a interagir para gerar, adotar, importar modificar e difundir novas tecnologias, produtos, processos e artefatos de valor crucial para a evolução do conhecimento, da economia e da competitividade nos âmbitos local, regional ou nacional.

É importante destacar que os Sistemas de Inovação, com as plataformas tecnológicas de engajamento e as redes de inovação, ganharam amplitudes nunca antes vistas. A tecnologia permite reunir virtualmente atores interessados, além de qualquer delimitação territorial. Um exemplo são as Agtechs, "que são *startups* de base tecnológica voltadas ao setor do agronegócio" (SILVEIRA, 2021, p. 22), presentes em comunidades dispersas pelo país e integradas via plataforma.

Quanto mais efetiva e constante for a interação entre os agentes, melhores serão as trocas de conhecimento e informação que resultam no aumento exponencial da capacidade do SNI em gerar inovações. Mas, para que essa interação estabeleça uma relação positiva com a inovação sistêmica, ou seja, em diferentes níveis e agentes do SNI, preciso conciliar interesses e características comuns como: confiança, convicção, visão compartilhada e comportamentos que aproximem os membros em torno das expectativas da interação.

Silveira (2021, p. 61-62) destaca que as relações entre os atores de um ecossistema inovador e empreendedor, que seria um SNI abrangente e localizado, "colaboram para a difusão do conhecimento, surgimento de novos produtos e de tecnologias que alteram a composição econômica" e o valor relacional amplia à medida em que

> [...] os atores do ecossistema compreendem os processos existentes e colaboram entre si para o desenvolvimento de produtos e serviços" e processos, acrescentando que os relacionamentos permitem às empresas ter "maior acesso às informações, tecnologias e melhorias, [...] de atrair e reter funcionários e colaboradores, [...], diminuição de custos pela proximidade com os fornecedores das matérias primas, os relacionamentos aumentam a confiança e facilitam o fluxo de informações (SILVEIRA, 2021, p. 61-62).

Porém, que se destaque, os atributos dos indivíduos, a qualidade dos relacionamentos que representam os agentes institucionais e aspectos da infraestrutura física que cooperam para o florescimento das interações.

Um estudo feito por Leão (2020) em um ecossistema de serviços predominantemente tecnológicos na região Nordeste, confirmou as variáveis confiança e comprometimento entre os membros como variáveis facilitadoras nas trocas de conhecimento, experiências e outras contribuições entre os atores, visando a cocriação de valor em vários formatos e contextos. Essas variáveis cooperam para o entendimento dos laços relacionais em ecossistemas, mesmo que mediados por plataformas tecnológicas de engajamento.

Um estudo de Jackson (2011) sobre as características predominantes nos SNI está resumido na Figura 17.

Figura 17 – Características dos capitais envolvidos nos SNI

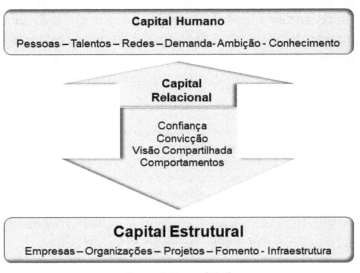

Fonte: Jackson (2011)

A Figura 17 aponta para os aspectos que facilitam a aproximação entre agentes e a sua interação. Mas, há outros conjuntos complementares de características que garantem os recursos necessários para o funcionamento de um SNI. E eles parecem ser comuns aos aglomerados tecnológicos e inovativos.

6.2 ECOSSISTEMAS DE INOVAÇÃO

O conceito de ecossistemas de inovação tem sido criticado, por um lado, por sugerir que tenha uma definição semelhante aos sistemas de inovação. Por outro, pela sugestão de que o prefixo "eco" tenha algum tipo de relação com os ecossistemas naturais, o que implicaria em estabelecer uma ligação entre a inovação e a preservação do meio ambiente, como um propósito definido para o ecossistema inovador. Assim, aparentemente, o conceito tem sido aplicado de forma ambígua (RITALA E ALMPANOPOULOU, 2017).

Adner (2006) define o ecossistema de inovação como sendo "um arranjo colaborativo propositado por meio do qual as empresas combinam sua oferta de oportunidades de inovação, de forma coerente, visando alcançar uma solução que atenda a necessidade específica do seu cliente, seja ela relacionada a novos produtos, serviços ou processos.

Uma característica típica do ecossistema de inovação é a "interdependência em multiníveis", atesta Silveira (2021, p. 44). E a interação entre membros é o meio de criação e de agregação de valor entre eles. Ou seja, o ecossistema funciona como uma multiplataforma de conhecimentos e de tecnologias que atende, de forma complementar, o objetivo de produzir inovação a partir do relacionamento entre os participantes.

O ecossistema de inovação também se caracteriza pela diversidade de entidades que o compõem e pelos diferentes papéis e finalidades das organizações e agentes ali inseridos. Há atores do poder público, instituições de ensino e pesquisa científica, agências de fomento, agentes da estrutura produtiva e comercial, clientes que participam com demandas por inovação e membros da sociedade civil que operam e exploram oportunidades de inovação.

Em uma pesquisa conduzida por Granstrand e Holgersson (2020) e publicada na prestigiada revista *Technovation*, os autores identificaram sete diferentes definições utilizados para caracterizar conceito e finalidade do ecossistema de inovação. E o elemento comum a todas as descrições é o uso do termo "ator", em contraste com o termo "artefato" para referenciar produtos e tecnologias, que apareceu em menos da metade dos estudos investigados. Em segundo plano, com 76%, o termo mais frequentemente inserido é a "colaboração", que contrasta com o termo "concorrência" que apareceu em 28% dos trabalhos investigados. O termo "atividades" foi identificado em 71% e, por fim, o termo "coevolução", que teve participação rem 33% dos estudos examinados.

Desse modo, Granstrand e Holgersson (2020) consideram que os ecossistemas de inovação podem ser definidos pela ênfase em colaboração e atores, e, menos enfaticamente, em concorrência e artefatos. A literatura investigada por Silveira (2021) reforça e avança sobre os achados dos autores, ao identificar que as atividades colaborativas, novos conhecimentos, atratividade da mão de obra, atratividade de investimentos e a presença de empresas de destaques são aspectos presentes nos ecossistemas, em geral.

Santos *et al.* (2020) ao pesquisar o ecossistema de inovação no setor da pesquisa agropecuária constatou que aquele ecossistema apresenta uma superposição de vários sistemas de inovação que, embora autônomos, se fortalecem para produzir resultados extraordinários, como é o caso da produção agropecuária no Brasil. Para exemplificar tais resultados, destaca-se que a revolução do Cerrado, a automação do plantio e e as soluções tecnológicas que aperfeiçoaram o trato de animais, combinaram as forças de diferentes hélices.

Como pode ver visto na Figura 18, a hélice denominada Academia é responsável pela mobilização da pesquisa cientifica aplicada, e por meio do SNPA – Sistema Nacional de Pesquisa Agropecuária, sob a liderança da EMBRAPA – Empresa Brasileira de Pesquisa Agropecuária, coordena as relações entre os principais Institutos de Ciência e Tecnologia que que atuam no campo da pesquisa agropecuária. Esses institutos, como a Embrapa, possuem extensões internacionais de pesquisa, com projetos internacionais e acordos de cooperação com centros de pesquisa no Exterior.

A hélice Governo responde pela regulação, financiamento e coordenação de esforços na consolidação do Ecossistema Nacional de Pesquisa Agropecuária. O Governo Brasileiro também é responsável por apoiar a infraestrutura de P&D na Agricultura e Pecuária; a implementação da logística de distribuição e exportação de produtos agrícolas; a orquestração de políticas públicas dos estados; e acordos de comércio e cooperação entre países. O governo também é responsável pela coordenação dos projetos de interesse do setor, que tramitam pelo Congresso Nacional e pela orquestração do Sistema Nacional de Inovação.

A hélice Indústria combina diferentes atores, em relações multiníveis, de um lado, as interações com a pesquisa aplicada para induzir melhorias em produtos, serviços e processos e de outro, a disponibilidade de estrutura para industrialização e comercialização de produtos, intermediando as relações com produtores, em regime de cooperativa, cujo monitoramento se dá com aplicação de novas tecnologias de informação e de comunicação. Estas, por sua vez, estão inseridas no contexto sistêmico do empreendedorismo inovador, por meio de *startups* de base tecnológica, com foco na tecnologia digital.

Em comum, como exibe a Figura 18, os sistemas de inovação inseridos no ecossistema da pesquisa e de produção agropecuária compartilham os mesmos desafios e tendências, com a responsabilidade e a oportunidade de explorar a necessidade de garantia de segurança alimentar, traduzida por qualidade e quantidade produzida, em escala global, tendo como compromisso com as futuras gerações a preservação do meio ambiente.

A Figura 18 se propõe a sistematizar essa complexa rede de interações.

Figura 18 – Ecossistema de Inovação na Pesquisa Agropecuária

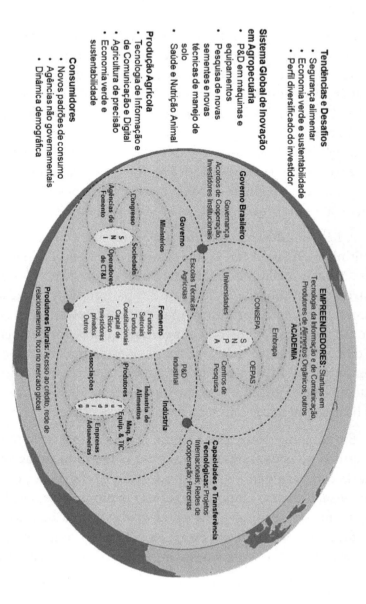

Tendências e Desafios
- Segurança alimentar
- Economia verde e sustentabilidade
- Perfil diversificado do investidor

Sistema Global de Inovação em Agropecuária
- P&D em máquinas e equipamentos
- Pesquisa de novas sementes e novas técnicas de manejo de solo
- Saúde e Nutrição Animal

Produção Agrícola
- Tecnologia de Informação e de Comunicação e Digital
- Agricultura de precisão
- Economia verde e sustentabilidade

Consumidores
- Novos padrões de consumo
- Agências não governamentais
- Dinâmica demográfica

EMPREENDEDORES: Startups em Tecnologia da Informação e de Comunicação, Produtores de Alimentos Orgânicos, outros

Capacidades e Transferência Tecnológicas: Projetos Internacionais, Redes de Cooperação, Parcerias

Produtores Rurais: Acesso ao crédito, rede de relacionamentos, foco no mercado global

Fonte: Santos *et al.* (2020, p. 85)

Ainda, o Ecossistema de Inovação na Pesquisa Agropecuária tem como desafio manter a sua relevância para ter acesso ao sistema global de inovação e atuar nas fronteiras tecnológicas no campo da produção de alimentos, com novos cultivares, novas técnicas de manejo de solo e novas técnicas no trato com animais. Para isso, o ecossistema deve combinar a pesquisa aplicada com as soluções tecnológicas para atender demandas dos produtores, da indústria e dos consumidores.

6.3 ECOSSISTEMAS EMPREENDEDORES E INOVADORES

A literatura disponível conceitua separadamente os ecossistemas de empreendedorismo e de inovação sobre quais estabelece características próprias e específicas. E, mais recentemente, foi publicizado o termo Ecossistema Empreendedor Inovador, sem ter, contudo, construído um conceito que possa particularizá-lo no contexto de relações ecossistêmicas.

Uma aproximação conceitual foi proposta pelo Sebrae, que propôs uma definição ampla para o termo EEI relacionando que é um espaço que combina a "capacidade de inovação com a capacidade de empreendedorismo dentro de uma região como forma de estímulo à criação de emprego e à prosperidade econômica e social" (SILVEIRA, 2021, p. 56).

O Quadro 19 oferece as características de cada ecossistema

GESTÃO DA INOVAÇÃO E DO CONHECIMENTO

Quadro 19 – Características dos Ecossistemas

Tipo e Proponente	Características	Achados de Pesquisa em Ecossistemas Empreendedores Inovadores --	
Ecossistema Empreendedor (Isenberg, 2011)	Políticas públicas	Políticas públicas	Estudo sobre o EEI Agtech Valley - Piraciacba (SP) Silveira (2021)
	Capital financeiro	Capital Financeiro	
	Cultura	Cultura inovadora e empreendedora	
	Instituições de Suporte	Instituições de Suporte	
	Recursos Humanos	Recursos Humanos	
	Mercados	Mercados	
Ecossistema Inovador (Munroe, 2012)	Universidades	Inovação	
	Empreendedores	Capital relacional	
	Investimentos	Mecanismos de Interação	
	Mão de obra	Diversidade e Impacto	
	Redes sociais e profissionais	Base de conhecimento	
	Ambiente de negócios		
	Qualidade de vida		
	Organizações integradoras		
Ecossistema Empreendedor Inovador (EEI) (Matos e Radaelli, 2020)	Cultura	Capital Humano	Estudo sobre o EEI do Porto Digital Frazão (2022)
	Densidade		
	Ambiente Regulatório		
	Mercado (acesso à)	Cultura Empreendedora	
	Diversidade e Impacto		
	Capital financeiro	Spillover de conhecimento	
	Talento		

Fonte: Adaptado de Silveira (2021) e Frazão (2022)

O Quadro 19 chama a atenção para a similaridade das características entre os diferentes ecossistemas. O que se constatou na pesquisa de campo é que aspectos como diversidade e impacto, capital relacional e o transbordamento de conhecimentos são elementos identificáveis nos Ecossistemas Empreendedores e Inovadores.

6.4 FATORES CONDICIONANTES DA INOVAÇÃO

O Manual de Oslo (OCDE, 2005, p. 37-38) define um conjunto de "condições gerais e as instituições que estabelecem a gama de oportunidades para inovação", que passam pelos fatores de transferência, que envolvem os fatores humanos, sociais e culturais que influenciam a transferência de informações às empresas e o aprendizado por elas; o dínamo da inovação, que se refere aos fatores dinâmicos que conformam a inovação nas empresas; e as condições de Base de Ciências e Engenharias, ou sejam, a presença de instituições dedicadas a ciência e engenharia que sustentam o dínamo da inovação.

Além desses fatores, somam-se as condições estruturais ao espaço delimitado no qual as organizações podem gerenciar as atividades de inovação orientada para o mercado. Fazem parte dessas condições os seguintes elementos, segundo o Manual (OCDE, 2005, p. 37-38):

- O **sistema educacional** básico para a população em geral, que determina os padrões educacionais mínimos da força de trabalho e do mercado consumidor doméstico, incluindo a oferta de cursos superiores em ciências e engenharia, ou seja, a capacitação técnica especializada, a existência de universidades e centros de apoio e pesquisa orientada ao conhecimento tecnológico ao qual se somam os fatores de transferência, relacionados aos modelos de aprendizagem e à disponibilidade de acervo de conhecimento decodificado (bibliotecas, publicações, manuais, outros);
- A **infraestrutura de comunicações**, incluindo estradas, telefones e comunicações eletrônicas;
- As **instituições financeiras**, que determinam, por exemplo, a facilidade de acesso à capital de risco;
- O **contexto legal e macroeconômico**, como legislação sobre patentes, taxação, regras que regem as empresas — e as políticas referentes a juros e taxas de câmbio, tarifas e concorrência;

- O **acesso ao mercado**, incluindo possibilidades de estabelecimento de relações estreitas com os clientes, bem como questões como tamanho e facilidade de acesso;
- A **estrutura da indústria** e o ambiente competitivo, incluindo a existência de empresas fornecedoras em setores complementares da indústria, incluindo a existência de estratégias empresariais orientadas para a inovação, chamada de dínamo da inovação.

Um SNI também inclui empreendedores, investidores, pesquisadores, universidades, capital de risco, desenvolvedores do negócio e provedores de serviços técnicos tais como: contadores, designers, fabricantes contratados e consultores para treinamento em habilidades e desenvolvimento profissional.

A Associação Nacional de Pesquisa e Desenvolvimento das Empresas Inovadoras – ANPEI – apresentou uma representação do SNI Brasileiro e das interações que estão nele compreendidas, como se apresenta na Figura 20.

AMBIENTES DE INOVAÇÃO 161

Figura 20 – Representação do Sistema Nacional de Inovação Brasileiro

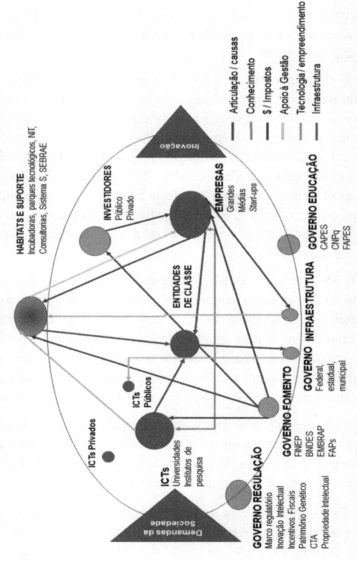

Fonte: ANPEI (2015)

Nota-se na representação descrita na Figura 20, a força da presença de instâncias do governo brasileiro, tanto na regulação, quanto no fomento, infraestrutura, e na Educação Superior. O que impõe alto nível de investimento pública, explicado anteriormente na comparação da maturidade entre os sistemas de inovação no mundo.

Em contrapartida, ao longo do tempo, o benefício para as regiões tem a força de especializar o perfil produtivo das cidades em torno da tecnologia que elas desenvolvem, como polo de tecnologia aeroespacial, em São José dos Campos; polo petroquímico de Cubatão (SP), Campos (RJ), Mauá, (SP); automobilístico, na região do Grande ABC (SP), polo tecnológico em TIC, em Florianópolis e no Nordeste brasileiro; em tecnologia digital, em Piracicaba (SP) e em Recife (PE); polo em eletrônica, na Grande Porto Alegre; no sul de Minas Gerais, para citar alguns exemplos.

Os SNIs contribuem para a formação de aglomerações tecnológicas e produtivas que tornam um SNI um elemento multifacetado na geografia econômica das regiões onde se inserem em razão das múltiplas oportunidades de negócios que geram e atraem, de forma complementar às tecnologias que são ali desenvolvidas. Assim, a inovação e a produção são elementos indissociáveis e geradores de progresso científico e econômico.

Estudo desenvolvido por Amato Neto (2009) chama a atenção para as dimensões que integram e caracterizam os sistemas de inovação e de produção nas localidades onde se estabelecem e desenvolvem. São as seguintes dimensões:

- **Econômica:** Trata da importância e representatividade da aglomeração produtiva para a economia regional, em razão da geração de renda e de emprego; caracterização da atividade predominante que, inclusive cria uma identidade para a localidade como o Vale da Eletrônica, em Santa Rita do Sapucaí (MG); estrutura organizacional da indústria e os conceitos de economia de escala e de escopo.

- **Geográfica:** Designa os elementos que contribuem para a formação de vantagens competitivas resultantes da concentração espacial regional e identifica questões relativas à localização dos investimentos diretos, podendo ser compreendida por externalidades relacionadas à região: matéria-prima abundante; oferta de mão de obra especializada ou por uma demanda especial localizada. Compreende ainda, a disponibilidade de infraestrutura, proximidade com o mercado consumidor e a concentração industrial.

- **Social:** Essa dimensão diz respeito aos impactos da existência do aglomerado para a comunidade. Sua medida se dá observando a geração de empregos, atração de novos investimentos, inserção de novas escolas e cursos na região.

- **Tecnológica:** Refere-se à capacidade de inovação do *cluster*, difusão tecnológica e fluxo de informações dentro do aglomerado, característica identificada também por Saxenian (1996), existência de instituições de ensino técnico e tecnológico e P&D locais.

- **Institucional:** Refere-se à articulação das empresas do *cluster* com instituições públicas, agências de fomento e outras formas associativas e de apoio, necessárias à divulgação dos produtos e serviços gerados e a administração dos empreendimentos.

- **Ambiental:** Explicitada por ações de preservação socioambientais, pelo relacionamento com organizações não governamentais e com estratégias de sustentabilidade do *cluster*.

- **Internacionalização:** Diz respeito ao potencial de geração de negócios internacionais, a partir da constituição de consórcios tanto para exportação de produtos e serviços quanto para a divulgação, como participação em feiras, congressos e outros.

- **Governança:** Evidenciada pelo modelo de coordenação definido entre empresas-motrizes e a cadeia produtiva aglomerada localmente. Envolve ainda, a clareza sobre a liderança das operações mais significativas desenvolvidas pelo aglomerado em relação às suas externalidades.

- **Capacitação Gerencial:** Esta dimensão examina o gerenciamento formal das empresas que compõem o *cluster*, tendo em perspectiva, a divisão funcional clássica da Administração. Ou seja, gestão da produção, das finanças, comercial e de pessoas.

O conjunto de fatores que cooperam para a inovação em Sistemas de Inovação são denominados "condicionantes da inovação" estão relacionados à formação e funcionamento de um sistema valioso de inovação e produção.

A Figura 21 resume fatores condicionantes descritos neste tópico.

Figura 21 – Fatores Condicionantes: uma síntese

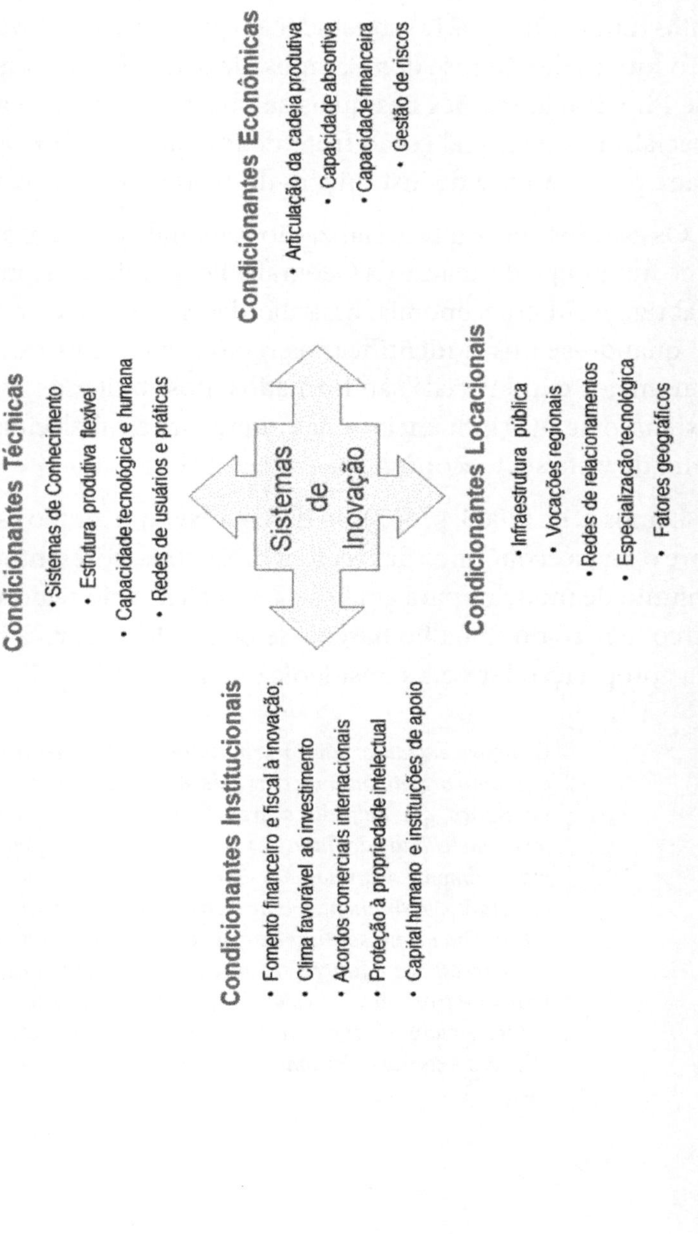

Condicionantes Técnicas

- Sistemas de Conhecimento
- Estrutura produtiva flexível
- Capacidade tecnológica e humana
- Redes de usuários e práticas

Condicionantes Institucionais

- Fomento financeiro e fiscal à inovação;
- Clima favorável ao investimento
- Acordos comerciais internacionais
- Proteção à propriedade intelectual
- Capital humano e instituições de apoio

Sistemas de Inovação

Condicionantes Econômicas

- Articulação da cadeia produtiva
- Capacidade absortiva
- Capacidade financeira
- Gestão de riscos

Condicionantes Locacionais

- Infraestrutura pública
- Vocações regionais
- Redes de relacionamentos
- Especialização tecnológica
- Fatores geográficos

Fonte: Adaptado de Terra (2006), Santos (2011, 2012, 2021a)

Às condicionantes técnicas, institucionais e econômicas debatidas por Terra (2006), apresentadas na Figura 21, e discutidas no tópico, somaram-se as condicionantes locacionais descritas por Saxenian (1996) aos achados de pesquisa apresentados por Santos (2011, 2012, 2021a) ao estudar as aglomerações inovativas e produtivas de São José dos Campos, de Santa Rita do Sapucaí e de Piracicaba, regiões nas quais se observou a formação da especialização regional como fruto da interação sistêmica, nucleada pela presença de instituições de ensino, nos três casos.

Os estudos sobre a especialização regional caracterizam-se como um campo de análise da Geografia Econômica, encontrando abrigo na Microeconomia. Essa abordagem é particularmente útil quando se busca identificar as regiões nas quais os polos econômicos e industriais são formados, possibilitando avaliar a extensão de suas influências e das interações estabelecidas, do ponto de vista socioeconômico.

Lemos *et al.* (2003, p. 667), ao desenvolver um amplo estudo sobre o mapa econômico das regiões brasileiras, apresentou um conjunto de modelos para análise da especialização regional. O marco teórico do trabalho baseou-se no modelo gravitacional, cuja apropriação leva em consideração que

> *O lugar central, o núcleo urbano original, constitui-se no elemento organizador da curva de oferta e demanda de bens no espaço, que delimita a área de mercado em que ocorre forte intensidade do fluxo de trocas, em uma área geográfica espacialmente delimitada. A extensão da área de mercado é, entretanto, permanentemente restringida pelo atrito espacial da distância, no sentido de que a curva de demanda dos bens no espaço é função inversa do crescimento dos custos totais de transporte. Nesta acepção, este espaço geográfico, caracterizado por fortes relações de trocas internas e fracas relações externas, denomina-se **região**, em termos estritamente econômicos.*

Segundo os autores, quando "o espaço econômico tende a se organizar no entorno de vários lugares centrais, com suas áreas de mercado, está aberta a possibilidade de reprodução de regiões e desenvolvimento das economias regionais" (LEMOS *et al.*, 2003, p. 668). Assim, o desenvolvimento de uma localidade tem o poder de provocar ondas de desenvolvimento regional, resultando em polos industriais e comerciais que, quando nucleados por ambientes de inovação, tendem a consolidar a marca da cidade como um centro gerador de conhecimento e disseminador de novas tecnologias.

A visão nuclear – ou nodal – remete ao efeito *spillover* das tecnologias desenvolvidas a partir dos centros de pesquisa. À medida que os espaços regionais se organizam e torno das atividades socioeconômicas, o desenvolvimento flui, estabelecendo relações encadeadas, em torno de uma atividade particular, ou nas palavras de Lemos *et al.* (2003, p. 668)

> *À medida que as economias externas de escala são específicas de atividades particulares, cada cidade tende a se especializar em poucas atividades, que requerem, por sua vez, escalas mínimas de tamanho urbano eficientes e diferenciadas. Assim, uma cidade têxtil não precisa ter uma dimensão além da necessária para abarcar um aglomerado de plantas de fiação e tecelagem, enquanto uma cidade com função de centro financeiro deve ser grande o suficiente para absorver o conjunto das operações bancárias de um país (FUJITA et al., 1999, p. 20, apud LEMOS et al., p. 668).*

A especialização regional ocorre quando as vantagens comparativas são exploradas, ampliando a exportação de bens para outras regiões, e, com isso, promovendo uma integração inter-regional e alimentando o crescimento do lugar central, em razão dos retornos crescentes da escala ou da economia de especialização regional (FUJITA, 1999, *apud* LEMOS, 2003).

Notadamente transbordamento de conhecimentos dos Centros de Pesquisa e das Instituições de Ensino Superior, tem orientado a atividade inovadora em uma cadeia de interrelacionamentos regionais nos diversos níveis.

Porém, a função que estabelece a especialização regional advém de um conjunto amplo de relações econômicas e interinstitucionais, caracterizada pela forte presença de indústrias motrizes, em uma categoria tecnológica. Essas empresas são apoiadas pela ação pública de fomento e da provisão de mão de obra qualificada a partir das instituições de ensino.

A existência de um conjunto de agentes, integrados pela tecnologia e pelo setor da indústria, cria condições estáveis de desenvolvimento de transações industriais e comerciais, e gradualmente promove o adensamento da cadeia produtiva regional, fortalecendo a capacidade de competir em sistemas produtivos nacionais e globais.

A intensificação das relações entre os diferentes agentes inovativos locais tende a criar um ecossistema de inovação, caracterizado pela presença de fatores que estimulam a interação e da cooperação. Parques tecnológicos, incubadoras e associações são exemplos de ecossistema de inovação. "Com isso, tais ambientes acabam se tornando polos criativos com o objetivo de impulsionar o resultado de empresas e promover novos talentos" (ANPEI, 2019, s/p.).

Os ecossistemas de inovação são, também, importantes plataformas de negócios e modelos de organização social intensiva em conhecimento.

Onde estão e quais são as áreas estratégicas dos ecossistemas de inovação brasileiros?

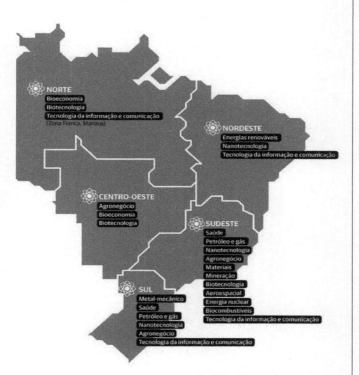

Fonte: Valor Econômico (2018). Disponível em https://valor.globo.com/noticia/2018/11/01/ecossistema-de-inovacao-desconexo-dificulta-colaboracao-e-visibilidade.ghtml. Acesso em 24 mar. 2023.

7 GESTÃO DO CONHECIMENTO

> *O conhecimento sempre foi essencial para o desenvolvimento das sociedades. Isso não significa, no entanto, que seu lugar, características e dinâmica sejam exatamente os mesmos ao longo da história da humanidade. Há não mais do que trinta anos o conhecimento começou a sofrer drásticas mudanças, tanto em sua composição como em sua geração, combinação e difusão. Atualmente, o conhecimento transformou-se no sistema nervoso central do desenvolvimento social e político em todos os cantos do mundo. As relações entre conhecimento e inovação têm nas empresas seu mais importante ponto de apoio e sustentação (ARBIX, 2010).*

Um importante neurocientista brasileira, Suzana Herculano-Houzel, professora associada da Universidade Vanderbilt, nos Estados Unidos, defende a tese de que a descoberta e domínio do fogo no período paleolítico, há 500 mil anos, foi responsável pelo desenvolvimento cerebral da humanidade.

Entre as principais razões desse progresso físico, segundo Herculano-Houzel (2013) estariam:

- Melhor aproveitamento calórico e nutricional que o alimento cozido oferece;
- Oferta de aquecimento nas regiões frias, ao longo do inverno;
- Uso do fogo como ferramenta de caça, para espantar manadas;
- Proteção dos grupos contra a aproximação de predadores;

- Uso do fogo para aperfeiçoar ferramentas de trabalho e armas de caça e defesa;
- Desenvolvimento de interações e da linguagem em torno das fogueiras.

A expansão da capacidade cognitiva, o desenvolvimento da linguagem e, posteriormente, da escrita, foram condições essenciais para a criação e disseminação do conhecimento e representam importantes marcos civilizatórios.

O hábito de sentar-se em torno da fogueira enquanto a comida era cozida tornou-se uma fonte de transmissão de conhecimento e de experiências por meio de narrativas, configurando-se um processo de socialização de conhecimento e de formação de memórias na forma de histórias, lendas e mitos.

A Figura 22 exibe a evolução do cérebro humano, ao longo das Eras.

GESTÃO DO CONHECIMENTO 173

Figura 22 – Evolução do Cérebro

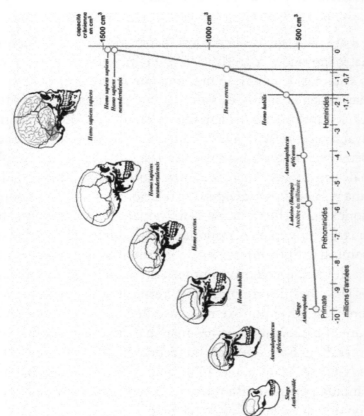

Fonte: Jacques (2015, s/p.)

Costa (2010, p. 125-126) avalia que a tecnologia, a linguagem e a interação social estão diretamente relacionadas no processo de evolução cognitiva da Humanidade. Porém, o mais importante é a forma como esses fatores "interagem e se manifestam nos seres humanos em termos de uma capacidade cognitiva diferenciada, fazendo com que apareçam nossas características exclusivas".

E até para que essa evolução ocorresse, foram necessárias "quatro inovações cognitivas". A primeira refere-se à integração dos sistemas de cognição humana que permitem encadear as ideias, umas às outras, e assim, estimar eventos e prever situações. Essa inovação é chamada de recursividade. A segunda inovação está relacionada à habilidade dos seres humanos em desenvolverem ferramentas e usá-las, por inferência, na solução de problemas. A terceira inovação refere-se à capacidade e forma pela qual os indivíduos se relacionam uns com os outros e, por extensão, hierarquizam afetivamente os relacionamentos. A quarta, inovação corresponde à capacidade de "combinar e recombinar tipos diferentes de informação e conhecimento" para alcançar uma nova compreensão ou para replicar as soluções já conhecidas aos problemas verificados em "uma situação diferente e nova; por exemplo, uso de ferramentas para mais de uma função, ou esquemas matemáticos, para resolver problemas, linguísticos, sociais ou tecnológicos" (HAUSER, 2002, *apud* COSTA, 2009, p. 126-127). Uma quinta inovação cognitiva levantada pela pesquisa refere-se à percepção dos indivíduos como dotados de desejos e preferências.

7.1 A TEORIA DO CONHECIMENTO

Mais fortemente debatida a partir da Revolução Industrial, no século XVIII, a discussão sobre a Gestão do Conhecimento tem origem no pensamento filosófico na Antiguidade, tendo como finalidade compreender a origem, a natureza e a forma como forças indutoras do conhecimento pelos indivíduos. Da Idade Antiga, dois nomes se sobressaem (SANTOS, 2018):

- Platão (428-348 a.C.), que teria sido o primeiro filósofo a desenvolver uma teoria sobre o mundo com base na intuição como forma de pensamento superior, visando desmistificar os fenômenos. Para tanto, Platão desenvolveria uma estrutura de pensamento racionalista através da qual o conhecimento da natureza dos objetos.
- Aristóteles (384-322 a.C.), filósofo da Lógica Formal, propôs a convergência entre as formas e os fenômenos, ao adotar o processo indutivo para formular leis gerais a partir da observação de fatos particulares que gerariam os princípios da classificação.

Santos (2018) explica que durante a Baixa Idade Média, o conhecimento concentrava-se em dois estamentos sociais: a aristocracia e o clero. E, de certa medida, foi resgatado pela atuação vigorosa de cientistas, artistas e filósofos do movimento renascentista, séc. XIV a XVII, como destacadamente, e para citar alguns nomes importantes:

- Leonardo da Vinci (1452-1519), que na obra "O Homem Vitruviano", fez traçado anatômico do "ideal clássico de equilíbrio, beleza, harmonia e perfeição nas proporções do corpo humano. Mistura matemática e arte durante a Renascença, ressaltando o profundo entendimento de Leonardo sobre proporções", afirma Consiglio (2021, s/p).

- Nicolau Copérnico (1473-1543), astrônomo e matemático polonês que desenvolveu a teoria heliocêntrica do Sistema Solar. Foi padre católico, governador e administrador, jurista e médico. Propôs o heliocentrismo, com o Sol como o centro do sistema solar, o que contrariou a visão de que a Terra como o centro. A sua teoria é considerada o marco fundamental da Astronomia.

- Giordano Bruno (1548-1600), teólogo, filósofo, escritor, matemático, poeta, teórico de cosmologia, ocultista hermético e frade dominicano italiano, condenado à morte na fogueira pela Inquisição romana, por ter ousado divulgar o universo como infinito, além da transmutabilidade da alma, e considerado o mártir das ciências.

Mas, foram necessárias algumas décadas para que validar o curso do desenvolvimento da Teoria do Conhecimento, coincidindo com o movimento iluminista, do qual se destacam:

- René de Descartes (1596-1650), filósofo francês, que associava o conhecimento a uma segunda natureza humana, apresentado sob o tema Racionalismo Absoluto. Seu trabalho na filosofia e na ciência é considerado revolucionário. E foi do criador da Geometria Analítica, ao fundir a álgebra com a geometria. É considerado um dos nomes mais importantes na Revolução Científica.

- John Locke (1632-1704), filósofo inglês, fundador do movimento empirista, defendendo que somente as experiências poderiam proporcionar conhecimento sensorial e a reflexiva aos indivíduos.

Santos (2018, p. 26-27) descreve que os debates e controvérsias, ao longo do tempo, "permitiram ampliar a visão sobre os atores e os elementos subjacentes à geração do conhecimento

– como as dimensões envolvidas – e que séculos mais tarde resultariam na tentativa de síntese e formulação de modelos". E ainda prevalece a necessidade de debates complementares. A teoria é um meio em construção e não um fim.

Observa-se um entendimento transdisciplinar acerca do conhecimento. Manifesto pela influência de diversas formas artísticas, religiosas e mitológicas de concepção do mundo, o conhecimento atua como uma forma dominante de organização do pensamento. Idealmente, a variedade e a diversidade se somam para que o conhecimento se estabeleça de uma forma original, ou seja, interpretativa. Não como uma competência, mas como um acervo ao qual se recorre para compreender a realidade, suas limitações e potencialidades.

Na ciência, o conhecimento é a crença verdadeira justificada. Para alcançá-la existem dois caminhos: a dedução, que é baseada em leis, conceitos e teorias; e o método indutivo ou empírico, construído sobre uma base sensorial específica, associando a experiência à intuição, ainda que o objetivo seja uma comprovação científica (SANTOS, 2018). O conhecimento é acumulativo e, ao mesmo tempo, dinâmico.

Alguns autores pesquisaram novas associações entre conhecimento, método e aprendizagem. Em Kant (1724-1804), a base do conhecimento era a experiência, e esta era determinada por condições espaço-temporais sob as quais o fenômeno ocorria e era capturado, como realidade por nosso aparelho sensível (GRANGER, 1989). Heidegger (1889-1976) associava o conhecimento à produção de algo, ou seja, a aplicação do conhecimento em ações práticas.

Nos estudos identificados, especialmente no enfoque da Filosofia, termos como razão, mito, ciência, verdade, ação, sensação e reflexão, teoria e prática, apresentam-se como elementos condicionantes da criação de conhecimento, integrando-se às categorias do conhecimento sensível (GRANGER, 1989); do conhecimento explícito e tácito, propostos por Nonaka e Takeuchi (1997) a partir da obra de Michael Polanyi; do conhecimento explícito, tácito e local, apontados por Chai (2000).

7.2 CONCEITOS E TIPOLOGIA DO CONHECIMENTO

Há inúmeras definições de conhecimento e elas variam de acordo com o campo científico que as abriga. Na literatura, alguns conceitos foram identificados e têm potencial explicativo no âmbito a que se referem:

Por exemplo, no plano epistemológico, o conhecimento, como já descrito, é a crença verdadeira e justificada. E estabelece, como prioridade, o foco em como operacionalizar o conhecimento, a partir do conjunto pleno dos saberes, guardando relação com os processos de aprendizagem e não necessariamente os objetos apreendidos. Portanto, tradicionalmente, no nível epistemológico trata da teoria do conhecimento e separa o sujeito do objeto e da percepção;

No nível individual, o conhecimento pode ser definido, segundo Nonaka e Takeuchi (1997) como sendo o conjunto de saberes formais e informais, ou explícitos e tácitos, que reside nos indivíduos. E que permite a eles reconhecer contextos e interpretar fatos e encaminhar soluções.

No nível organizacional, o conhecimento representa a soma dos saberes individuais, acumulados ao longo do tempo, sobre os processos e práticas organizacionais, e que são difundidos destes para os grupos e entre organizações, e aplicados no desenvolvimento dos produtos, serviços e processos da empresa (NONAKA E TAKEUCHI, 1997).

Como parte de um processo organizado para gerar vantagens competitivas para as organizações, o conhecimento segue um ciclo composto pelas etapas descritas na Figura 23.

Figura 23 – Ciclo e Ferramentas da Gestão do Conhecimento

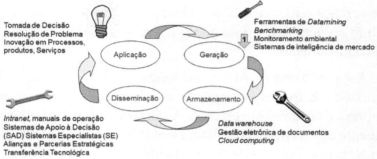

Fonte: Santos (2022)

A primeira etapa é denominada de **Geração de Conhecimento**. E essa etapa conta com ferramentas de *datamining*, mineração de dados, que se refere à busca de informações disponíveis em mídia eletrônica; uso de estratégias de *benchmarking*, que se consiste na busca das melhores práticas de gestão em um dado setor da indústria, praticadas por empresas de reconhecido desempenho superior; monitoramento ambiental que consiste na observação sistemática e coleta de dados do ambiente competitivo, em áreas de conhecimento compatíveis aos interesses da empresa e do mercado atendido. O esforço de busca de dados resulta em informações relevantes ao gerenciamento da empresa, no setor específico; e, uso intensivo de sistemas de inteligência de negócios, que se refere ao conjunto de técnicas e métodos de busca, coleta e análise de dados para subsidiar e tornar mais eficaz o processo de tomada de decisão, que induzam ao aprimoramento dos processos de negócios essenciais da empresa.

Com relação ao processo de criação do conhecimento, Nonaka e Takeuchi (1997, 2008) definem cinco fases. A primeira fase refere-se ao compartilhamento do conhecimento tácito entre os indivíduos. A segunda fase refere-se à criação de conceitos. A terceira fase é a justificação dos conceitos como uma crença verdadeira. A quarta fase diz respeito à construção de um arquétipo. E a quinta fase refere-se à difusão interativa do conhecimento.

A segunda etapa – **Armazenamento** – refere-se à criação de bancos de dados para comportar as informações coletadas na empresa e ao ambiente externo. As ferramentas mais frequentemente usadas nessa etapa são: *Data Warehouse*, Computação em Nuvem e Sistemas de Gestão Eletrônica de Documentos.

A terceira etapa, *i.e.,* **Disseminação de Conhecimento**, envolve a publicização dos conhecimentos formalizados aos grupos de interesse, dentro da organização ou, fora dela. E os meios mais usados para essa etapa são: *intranet,* manuais de operação, Sistemas de Apoio à Decisão (SAD) Sistemas Especialistas (SE), Alianças e Parcerias Estratégicas e Transferência Tecnológica.

A quarta etapa trata da **Aplicação do Conhecimento,** e ela se estabelece nos processos organizacionais relativos à: tomada de decisão, resolução de problema, e na inovação em processos, produtos, Serviços.

Hitt, Ireland e Hoskisson (2002; 2018) identificaram três níveis de domínio de conhecimento nas organizações competitivas, expressos na Figura 24, à qual foram adicionados os grupos típicos de informação (SANTOS, 2022).

Figura 24 – Níveis de Domínio do Conhecimento e a Inteligência Empresarial

Fonte: Adaptado de Hitt, Ireland e Hoskisson (2002; 2018), e Santos (2022)

Alguns casos debatidos em sala de aula (SANTOS, 2022), revelam a importância da sistematização da Gestão do Conhecimento para a tomada de decisão empresarial. Para citar alguns exemplos e informações necessárias à decisão:

- Internacionalização da empresa: alocação de mão de obra da matriz ou contratação local. Decisão com base no censo profissional acerca da qualificação profissional, habilidades e experiências em processos de abertura de negócios fora do país, incluindo fluência no idioma e na cultura da localidade, horizonte de trabalho.
- Internacionalização do produto: informações socioeconômicas e culturais do novo mercado, hábitos de consumo, concorrência e outras.
- Implantação de robótica industrial: situação de empregados potencialmente afetados; relações com sindicatos; parcerias com escolas de formação operacional.

O caso da Natura, exibido na Figura 25, exemplifica como a combinação entre a Gestão do Conhecimento e da Informação, feita a partir de um diagnóstico, pode alavancar o conhecimento organizacional.

O cenário competitivo do setor, em 1992, indicava globalização de mercados e acirramento da concorrência, e que ganhos de tempo e de competitividade não poderiam ter limites, como também as informações que deveriam ser amplas.

Figura 25 – Gestão do Conhecimento e da Informação – Natura

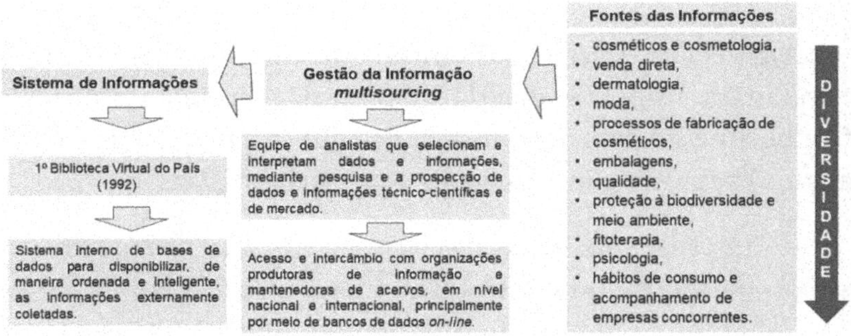

Fonte: Costa (2010)

A decisão de diversificar as fontes de dados e informações permitiu à Natura alcançar a vantagem do pioneirismo no monitoramento do ambiente de negócios, com o foco ampliado na coleta de dados, o que certamente, contribuiu para o exercício da missão e dos valores organizacionais.

Em alguma medida, a captura do conhecimento requer um conjunto de habilidades, entre elas a capacidade de julgamento sobre o valor da informação e da credibilidade das fontes. Por mais sistematizado que seja o processo de gestão do conhecimento é importante resguardar o discernimento como um processo, ainda humano, que envolve o sentido de inerência; a habilidade de separação; e a comunicação, que trata da disseminação da informação. Na arquitetura cognitiva esse processo é indissolúvel e automático.

A inerência refere-se à pertinência e correlação do conhecimento ao contexto e à realidade vivenciada. A separação trata do reconhecimento dos signos e símbolos distintos da informação. A comunicação permite não só o conhecimento mútuo, mas também a partilha, a troca e a verificação, dentro de um processo dialógico, no qual a linguagem é apenas um dos elementos. A síntese a seguir expressa a definição de Morin para o conhecimento:

> O aparelho cognitivo humano produz conhecimento, construindo, a partir de sinais, signos, símbolos, as traduções que são as representações, discursos, ideias, teorias. Quer dizer, o conhecimento humano não poderia ser outra coisa além de uma tradução construída cerebral e espiritualmente (MORIN, 1996, p. 196).

O conhecimento é um dos elementos facilitadores da inovação, seja ele prático ou tácito, técnico ou científico, ou seja, explícito. O conhecimento é o fundamento central em processos de resolução de problemas, prospecção de oportunidades de novos negócios – em empresas, chamado de intraempreendedorismo – e das melhorias contínuas e transformações nos meios e formas de produção e de comercialização de produtos, processos e serviços.

Nonaka e Takeuchi (1997) consideram a criação do conhecimento como um processo que abrange o racional e o empírico, e se desenvolve com recursos da mente e do corpo, na fronteira entre a análise pragmática e a experiência; e entre o implícito e o explícito. De acordo com o entendimento dos autores, dois tipos de conhecimento se destacam:

- O **conhecimento tácito**: Intrínseco ao indivíduo, esse tipo de conhecimento é baseado em modelos e processos mentais que podem influenciar na compreensão de contexto e dos fenômenos internos e externos à organização. E que conferem ao individuo maior ou menor condição de análise e de articulação da linguagem. O conhecimento tácito incorpora-se às experiências vividas e pode ser delimitado por crenças e valores pessoais. Assim, tratar valores e princípios em processos de socialização pode ser uma estratégia para o desenvolvimento do capital humano. Os autores acreditam que o conhecimento tácito envolva duas dimensões: a) técnica, do tipo *know-how* – saber como fazer; e b) cognitiva, que envolve modelos mentais, crenças e percepções. Assim, o conhecimento, na visa visão dos autores, deve englobar os "*insights*", as intuições, ideais, valores, emoções, imagens e símbolos.

- O **conhecimento explícito**: É o conhecimento formalizado e consciente, racionalmente deduzido por meio de modelos, passível de articulação, expresso e compartilhado em dados e informações, mediante recursos tangíveis, como certificações, manuais, apostilas e outros.

Para Nonaka e Takeuchi (1997, p. 83-94), a criação de conhecimento organizacional ocorre, metaforicamente na forma de uma espiral, em decorrência das seguintes pré-condições organizacionais:

e. A **intenção da organização** em atingir suas metas estabelecidas, a concessão de **autonomia** para a motivação para novos conhecimentos e tomada de risco, também apontado por Morin (1996, p. 96);

f. A **flutuação e caos criativo** que estimulam a interação da organização com o ambiente externo, que permita a ordem a partir do caos, ou o princípio de "ordem e desordem e auto-organização" de Morin (1990, p. 88-96);

g. A **redundância** que se refere à existência de informações além das exigências operacionais imediatas dos membros da organização; e,

h. A **variedade de requisitos** que corresponde à compatibilidade da diversidade interna da organização aos requisitos e à complexidade do ambiente externo.

O processo de mobilização de recursos que cria o conhecimento organizacional é sintetizado pela Figura 26.

Figura 26 – Espiral do Conhecimento

Fonte: Adaptado de Nonaka e Takeuchi (1997, 2008, 2009).

Como exibe a Figura 24, a conversão do conhecimento na organização se dá por meio das seguintes etapas:

- **Socialização**: Nesta etapa, o conhecimento tácito é revelado por meio do compartilhamento de experiências, observação, imitação e prática, sendo esse comportamento imprescindível para que o conhecimento seja construído. Para tanto, é necessário que o ambiente organizacional seja pautado pela confiança mútua entre os membros.

- **Combinação**: É o processo de sistematização de conceitos existentes em um novo sistema de conhecimentos. Ocorre quando há conversão do conhecimento explícito A em conhecimento explícito A+, ou seja, com aprimoramento do conteúdo e ou do modo de aplicação ou, eventualmente, com transformação de paradigmas e novos parâmetros.

- **Externalização**: Refere-se à conversão entre conhecimento tácito e explícito. Elaboração de fichas técnicas a partir de experiências conduzidas ou a escrita de um livro após pesquisa são exemplos de externalização. E pode a prescrição de modelos de execução, como um manual de procedimentos.

- **Internalização**: Refere-se ao processo de introjecção de conhecimentos explícitos que se tornaram tácitos na mente dos indivíduos por meio de treinamento em analogia, metáfora e modelos, além de padrões observáveis na supervisão contínua; no aprendizado durante a operação de trabalho (*learning by doing*).

Freire (2015) avalia que as experiências por meio da socialização, externalização, combinação e internalização tornam-se ativos valiosos para a organização e que quando a espiral do conhecimento atua como um modelo de referência para a maior parte dos indivíduos, ele se torna uma parte da cultura organizacional. E esse parece ser um grande desafio da Gestão do Conhecimento, principalmente pelo requisito de confiança entre os membros.

Chai (2000) adiciona o **conhecimento de processo** – direitos de patente, detalhes de projetos de engenharia entre outros – e o conhecimento de pessoas, que envolve habilidades sociais, como as de relacionamento. Patentes são uma forma do conhecimento codificado, uma representação em texto de um processo ou produto desenvolvido através do conhecimento especializado de cientistas ou inventores. Por definição, conhecimento patenteado é o conhecimento que pode ser expresso de forma explícita.

Chai acrescenta mais um tipo de conhecimento, denominado **conhecimento local** e conclui que existe um mecanismo de transferência apropriado à natureza de cada tipo de conhecimento e parece ser uma ocorrência frequente em empresas transnacionais (ETNs). O conhecimento local é normalmente articulado, porém muito dependente do contexto. Esse tipo de conhecimento local é aquele que sofre a influência da localização, que pode ser verificada na língua, valores e costumes dos empregados.

A localização da organização pode ser atrelada ao conhecimento, pois a fonte de suprimento de matéria-prima é, geralmente, um atributo de escolha da localidade. O clima, e também a topografia, podem estabelecer um tipo particular de conhecimento. A organização pode ter que adaptar o processo de produção às condições climáticas locais, ou adaptar a sua fonte de energia à modalidade de produção mais abundante em determinadas localidades.

Para Chai, o conhecimento explícito ou codificado é aquele que pode ser articulado pela linguagem formal e transmitido a indivíduos. Refere-se, portanto, ao conhecimento transmissível em linguagem formal e sistemática. Os seres humanos adquirem conhecimentos, criando e organizando ativamente suas próprias experiências. O conhecimento explícito lida com acontecimentos passados ou objetos e é orientado para uma teoria independente do contexto. Algumas formas de conhecimento já estão codificadas e explícitas.

A patente, por exemplo, representa o conhecimento protegido, cuja descrição torna pública e também a vincula ao seu proprietário. Relatórios e outros documentos estruturados são exemplos de conhecimento já tornado explícito. Mas o conhecimento explícito, relacionado a patentes e relatórios, não se torna utilizável simplesmente em decorrência de sua decodificação (HITT, IRELAND e HOSKISSON, 2002).

Um recurso que muitas empresas têm procurado seguir, especialmente as indústrias de alta tecnologia, é não patentear produtos estratégicos como forma de não compartilhar informações que gerem vantagens competitivas junto aos seus concorrentes.

Ao elenco de tipos de conhecimento que vem sendo utilizado pelos autores mais recentes, deve ser considerado um quarto tipo particular de conhecimento abordado por Granger (1989, p. 30), pouco discutido pelos pesquisadores da área organizacional revisados neste trabalho: **o conhecimento sensível**. Esse tipo de conhecimento ocorre na aplicação dos sentidos e, segundo Granger, "é um modo exemplar do conhecer, ao menos por sua precocidade e por sua universalidade". O conhecimento sensível é intransferível na sua totalidade, senão através de metáforas.

Helen Keller, escritora e ativista social

A literatura e a cinematografia americanas apresenta o caso real da escritora Helen Adams Keller. Nascida no Alabama em 27 de junho de 1880, Helen ficou cega e surda, e por consequência muda, aos 18 meses de idade, em decorrência de uma febre cerebral (meningite, talvez) e foi a primeira pessoa no mundo, nessa condição, a obter título de bacharelado.

Ao longo da vida, Helen tornou-se uma reputada escritora, filósofa e conferencista em favor das pessoas com deficiência. O método de ensino e aprendizagem foi fundamentalmente sensorial, ou sensível, e administrado por Anne Sullivan, ela também, uma pessoa com deficiência visual.

Fonte: E-biografia. Biografia de Helen Keller. Elaborado por Dilva Frazão. Disponível em: https://www.ebiografia.com/helen_keller/. Acesso em 16 mar. 2023.

Nonaka e Takeuchi (1997, p. 9), ao comentarem a metáfora da criança que queimou a mão ao tocar o fogão quente, concluem que "o aprendizado mais poderoso vem da experiência direta. A criança aprende a comer, andar e falar através de tentativa e erro; aprende com o corpo, não apenas com a mente." Essa forma de aprendizagem baseada na integração mente e corpo, ou experiência direta, característica do pensamento japonês herdada do zen--budismo; é um exemplo do recurso do conhecimento sensível.

Alguns autores da aprendizagem organizacional associam A retenção de informações com base nos sentidos, estabelecendo uma tipologia baseada nesse processo que resultaria em aprendizes auditivos, visuais e cinestésicos.

Morin (1996) ao analisar a Antropologia do Conhecimento, faz uma associação entre o objeto e a interpretação baseada em um processo que ele define como computação viva, que ocorre por meio de estruturas neurológicas bastante sofisticadas, para as quais o conhecimento sensível atua na formulação de modelos lógicos e figurativos.

O conhecimento sensível, para ser completa e adequadamente apreendido, demanda indicadores de subjetividade, os quais permitiriam equacionar as diferentes "sensações" percebidas individualmente na aplicação dos sentidos. Por exemplo, o calor é percebido em diferentes intensidades relacionadas à tolerância de cada indivíduo, condições térmicas do ambiente, além de outras.

O conhecimento sensível opera dentro de uma lógica *fuzzy*, que considere a relatividade das variáveis, na forma como os indivíduos capturam os atributos do objeto, permitindo que sejam criados paradigmas que visam estabelecer maior aproximação entre a assimilação do objeto do conhecimento ao fenômeno e efeitos que lhes são atribuídos. A Figura 27 apresenta a contribuição dos diferentes autores.

Figura 27 – Tipos do Conhecimento

Tipo de Conhecimento	Descrição	Mecanismo de Transferência
Conhecimento Explícito ou Codificado	Esse conhecimento quando é articulado é pouco dependente do contexto, tendo como exemplos procedimentos simples de operação, desenho técnicos e outros.	Relatórios, revistas, jornais, procedimento-padrão de operação
Conhecimento Tácito ou Experimental	Forma de conhecimento altamente tácita, porém, com pouca dependência contextual, como problemas envolvendo perícias e truques do negócio.	Expatriação, treinamento em outros lugares
Conhecimento Local	É normalmente articulado, porém muito dependente do contexto, quando este tipo de conhecimento é transferido, interpretações errôneas podem ocorrer em partes menos óbvias do conhecimento. Um exemplo seria um procedimento padrão de operação que só pode ser feito em ocasiões muito específicas.	Melhores práticas, periódicos, *benchmarking*, fóruns, times internacionais
Conhecimento Sensível	Conhecimento apreendido por meio dos cinco sentidos. Possui grande interferência do meio e dependência do objeto, através do qual reconhece e codifica o fenômeno	Contato direto com o objeto. Não é transferível, senão por metáforas.

Fonte: Adaptado de Chai (2000), Granger (1989), Santos (2018)

Quanto ao processo de transferência, Chai (2000), em sua pesquisa exploratória sobre empresas manufatureiras, analisa que ele ocorra em uma sequência de quatro passos:

- Percepção da relevância da informação;
- Transferência ou compartilhamento da informação e compreensão do contexto entre fornecedor e recebedor da informação;
- Adaptação ou recriação do conhecimento; e,
- Integração ou introjeção do conhecimento a tal ponto que ele já não seja mais novidade ao seu recebedor. No caso do conhecimento tácito, essa fase corresponde à formulação de rotinas, no padrão "do jeito que fazemos aqui".

Outra contribuição de Chai está em dispor os mecanismos de transferência de conhecimento em uma matriz do tipo BCG, associando o grau de riqueza do processo de aprendizagem, em relação ao nível de introjeção de novas experiências e conhecimento que o processo escolhido promove; ao grau de alcance, este em referência ao número de profissionais atingidos pelo processo escolhido. Os resultados obtidos na pesquisa exploratória em indústrias manufatureiras estão evidenciados na Figura 28:

Figura 28 – Matriz de Transferência de Conhecimento

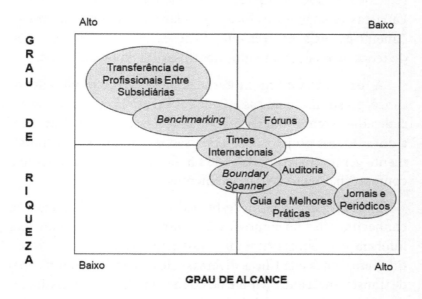

Fonte: Chai (2000)

Como exibido na Figura 28, e explorado por Santos (2018), as práticas de transferências mais efetivas de conhecimento seriam os programas de expatriação, uma vez que proporcionam experiência vivida associada com uma proximidade com dados da cultura das localidades envolvidas. Esse mecanismo processo de transferência tem baixo alcance, por inserir um pequeno grupo de profissionais. Porém, ele se reveste da intensidade do aprendizado quando os indivíduos são expostos ao ambiente real, e os eventos emergem do cotidiano.

O *benchmarking* é definido por Chai como um time temporário, designado para desenvolver uma determinada área, conhecimento ou produto, tendo relativamente alto grau de riqueza e de baixo a moderado alcance.

Os fóruns permitem de moderado a alto grau de alcance, com relativo alto grau de riqueza na transferência de conhecimento. Uma das vantagens dos fóruns é a clareza das fontes de conhecimento às quais recorrer, quando necessário, além da formação de redes de relacionamentos dentro e fora da organização.

A formação de times internacionais oferece moderado alcance, presumindo que as atividades exijam profissionais especializados e têm moderado grau de riqueza, pois os times têm a duração dos projetos, portanto, são temporários, e eventualmente geram mais a divisão de tarefas do que propriamente o compartilhamento de conhecimentos.

Boundary spanners, ou desbravadores, são os profissionais do conhecimento, têm como missão central coletar e compartilhar informações sobre aprimoramentos e novos conhecimentos obtidos em fontes científicas diversas. Eles atuam como um canal de transferência entre a fonte do conhecimento e os profissionais da empresa. Essa modalidade tem moderado alcance e relativo grau de riqueza, pois a experiência vivida é, geralmente, de difícil transferência, demandando dos multiplicadores habilidades didáticas superiores.

As auditorias são definidas como ações internas que visam identificar as melhores práticas exercidas dentro da organização para divulgá-las internamente. E essas práticas podem ser compartilhadas em comunidades de conhecimento. Esse meio de transferência tem alto grau de alcance, uma vez que pode ser disponibilizado a todos os membros da organização e moderado grau de riqueza, uma vez que tratam de práticas internas específicas, nem sempre extensivas às demais operações organizacionais.

O guia das melhores práticas é definido por Chai (2000) como resultado da pesquisa de um time encarregado de identificar os melhores métodos de trabalho para as diferentes divisões da empresa. Com alto alcance, pois abrange a coleta de práticas em todas as divisões e setores da empresa. Porém, trazem baixa riqueza por se tratar de prática relacionada ao conhecimento já disponível, ou seja, trazem pouca novidade, o que limita as ações de inovação competitiva.

E, por fim, a leitura de jornais e periódicos. Embora seja uma prática de transferência de conhecimento de alto grau de alcance, pois o conhecimento é disponibilizado de forma ampla, e seja formadora de um importante hábito, apresenta baixa riqueza, uma vez que nem todos os leitores podem ter a mesma atenção acerca das oportunidades que a leitura pode oferecer. Além disso, a leitura sistemática é uma prática de baixa interação social, que requer do leitor disciplina, concentração e capacidade de inferência superior, além da iniciativa de compartilhar o conhecimento apreendido por essa fonte.

Mas, onde está o conhecimento organizacional?

Embrained: Internalizado. Refere-se conhecimento dependente das competências conceptuais e capacidades cognitivas.

Embodied: Incorporado. Esse conhecimento é orientado para a ação e é parcialmente explícito.

Encultured: Inserido à cultura organizacional e compartilhável com os indivíduos, pela compreensão coletiva do que é aceitável, correto e desejável, ou mesmo, punível.

Embedded: Integrado. Trata-se do conhecimento contido nas rotinas. Pode ser analisado considerando-se as relações entre as tecnologias, papéis, procedimentos e rotinas emergentes

Encoded: Codificado. Diz respeito à informação que é transmitida mediante o uso de sinais e símbolos de forma manual ou eletrônica.

Fonte: Adaptado de Correia e Sarmento (2003, p. 9). Disponível em: https://recipp. ipp.pt/bitstream/10400.22/558/1/GC_competencias_inov_e_competitividade_ APSIOT.pdf. Acesso em 17 mar. 2023.

Por fim, ressalta-se que o conhecimento organizacional é altamente dependente das pessoas, das tecnologias disponíveis e do contexto em que o conhecimento pode, ou não, florescer.

Como forma de armazenamento, por exemplo, o conhecimento está disperso em diferentes seções do cotidiano e das relações humanas no trabalho, sendo necessário, definir uma boa estratégia para capturá-lo, preservá-lo, disseminá-lo e, principalmente para estimulá-lo.

Para estimular a transferência de conhecimento, Davenport e Prusak (1998, p. 107-128) recomendam a criação planejada de estratégias específicas que fomentem as trocas espontâneas de conhecimento. Eles apontam algumas táticas bem-sucedidas, tais como:

a. Criação de áreas de convívio dentro da organização, por exemplo, as cafeterias. Esse ambiente para troca de conhecimento foi implementada no Banco do Brasil;

b. Atividades compartilhadas de lazer, como as *happy-hours*, prática adotada pela marca esportiva Nike;

c. Sistematização das informações através da rede de computadores;

d. Feiras e fóruns abertos do conhecimento;

e. Sistemas de videoconferência;

f. Registro eletrônico de informações disponíveis com os empregados mais antigos;

g. Criação de programas de *mentoring and coaching*, como foi adotado nas empresas Petrobrás e Banco do Brasil;

h. Observação de demonstração prática do trabalho, isso, em particular quando a aprendizagem puder contribuir para a destreza e melhoria do relacionamento;

i. Convivência em projetos e estágios;

j. Bancos de dados para conhecimento compartilhado, e outros mecanismos implementado pelas empresas Petrobrás, Natura, e Rede Globo, para citar algumas.

Para Davenport e Prusak (1998, p. 117) "quanto mais rico e tácito for o conhecimento, mais tecnologia deverá ser usada para possibilitar às pessoas compartilhar aquele conhecimento diretamente". Porém, a infraestrutura de transferência do conhecimento tácito não deve se limitar à tecnologia eletrônica. Os autores consideram que um obstáculo básico ao compartilhamento de conhecimento é a linguagem. Assim, dotar a comunidade de uma linguagem comum e acessível a todos, sem a qual não haverá, minimamente, um contato pessoal produtivo. Outro obstáculo que vale a pena ser mencionado é a falta de confiança mútua entre os membros dos grupos de conhecimento, fato também observado por Freire (2015).

Terra (2000, p. 43) identificou algumas discrepâncias socioculturais e econômicas que colocam a competitividade nacional em patamares inferiores aos padrões internacionais, frisando que "não envolve apenas um aumento expressivo nos investimentos em P&D, educação, treinamento ou tecnologia de informação, pois, tão ou mais importante é a produtividade desses investimentos e isto é, em boa medida, determinada pela competência gerencial e pela capacidade de alavancar recursos escassos".

Assim, é necessário que as empresas implementem práticas gerenciais modernas, que promovam ambientes organizacionais voltados à inovação de produtos e processos, e adotar proativamente estratégias de Gestão do Conhecimento.

Para Terra (2000, p. 43), "as empresas criadoras do conhecimento seriam, pois, aquelas que criam sistematicamente, novos conhecimentos, disseminam-nos pela organização inteira e, rapidamente, os incorporam a novas tecnologias e produtos". Assim, deve haver uma ação conjunta entre a Gestão da Inovação e a Gestão do Conhecimento, destacando a relação intrínseca entre a criatividade, o aprendizado e o conhecimento tácito, como alguns dos pré-requisitos da inovação.

Albrecht (2004) contempla as dimensões humanas da gestão, não apenas do conhecimento, mas sim da formação do pensamento organizacional que capacita os recursos, de modo crítico e determinado, rumo ao sucesso. Para tanto, o autor propõe um modelo de inteligência organizacional orientado formado por um número relativamente pequeno de profissionais, altamente qualificados, preparado para trabalhar o conhecimento e, com isso, exercer as funções de gestão efetiva do negócio, como planejar, projetar, organizar, liderar, gerir, analisar, decidir, inovar e ensinar.

O modelo proposto por Albrecht contém sete dimensões-chave, quais sejam:

- Visão estratégica: capacidade para criar, desenvolver e implementar um conceito de finalidade, de direcionamento e de destino;
- Destino compartilhado: assemelha-se à percepção de um objetivo comum, ou seja, estabelecer um sentido de conexão por meio de uma finalidade comum;
- Apetite por mudanças: equivale à ruptura com paradigmas e modelos mentais pré-concebidos, possibilitando a criação de pré-condições e de novas formas de conceber a realização e o sucesso da empresa;
- "Coração": entusiasmo para aplicar um nível de energia extra para que a empresa obtenha sucesso;
- Alinhamento e Congruência: corresponde à disponibilidade da infraestrutura necessária para que a organização atinja sua visão estratégica;

- Uso do conhecimento: capacidade da organização em fomentar, desenvolver e aplicar novos conhecimentos e a sabedoria disponível internamente;
- Pressão por desempenho: que pode ser definida como engajamento pessoal com que cada empregado se mobiliza, e contagia os demais, visando atingir os resultados propostos.

Ao longo do curso da Gestão do Conhecimento, as empresas devem levar em conta a necessidade de ter uma adequada gestão da rotatividade de pessoal, evitando perda de capital intelectual estratégico, além do monitoramento do desempenho da organização e dos indivíduos que a compõem.

Assim, um plano de longo prazo no desenvolvimento e capacitação dos profissionais tende a induzir a formação das competências necessárias, para a criação de um ambiente promissor à inovação e a renovação dos estoques de conhecimento. E esse plano deve considerar as lições aprendidas com erros e acertos do passado.

Learning the hardest way: Aprendendo do jeito mais difícil

Sentimentos contraditórios podem surgir quando medidas de melhoria de processos ou de materiais derivam de uma tragédia. Mas, é fato, que os momentos de culminância do conhecimento se dão frente a grandes embates. Assim, não aproveitar o aprendizado gerado por situações extremas é, no mínimo, um grande desperdício. É preciso aprender também com os fracassos e com falhas que tornam cruciais o funcionamento de determinados artefatos tecnológicos, às vezes, muito acima da capacidade humana de contorná-los em (situação de) urgência e de resultados indesejados.

A indústria aeroespacial, por exemplo, vem aprendendo muito sobre aeronavegabilidade e segurança de voo, desde o primeiro voo comercial, realizado em 1910. E o volume de conhecimento novo é diretamente proporcional ao volume alcançado pela tragédia, impactando sobre as funções aeroviárias, segurança de bordo, materiais compostos e outros.

A Engenharia Civil, também, apresentou razoável evolução nos sistemas de segurança e sobre a resistência dos materiais, a partir das experiências negativas com determinadas obras. E esse duro aprendizado obtido com tragédias tem um grande compromisso: que elas não mais ocorram. Algumas organizações, mais do que outras, as denominadas Organizações de Alta Confiabilidade – ou *High Reliability Organizations* – HRO, são especialmente mais cobradas por superação de falhas detectadas e, não raro, são compelidas à melhoria contínua muito mais por força da atividade e da proteção de vidas, do que propriamente por questão de competitividade. Como é o caso dos hospitais.

Na indústria aeronáutica, nenhuma vida é perdida em vão. E, há desde o seu nascedouro, um esforço contínuo de melhoria e inovação. O fato de ser uma indústria de características operacionais, geralmente, globais, os níveis de segurança são mais rigorosos, fazendo com que haja uma grande atenção ao funcionamento seguro e eficiente das aeronaves, que são testadas, homologadas e certificadas, antes de serem colocadas em uso. As lições trazidas com cada incidente ou acidente deve ser fonte de pesquisa para melhoria da segurança e qualidade e, ainda que a falha seja específica de uma determinada aeronave ou fabricante, repercutirá na indústria como um todo.

O mesmo acontece com a produção de energia de fonte nuclear. Há uma vigilância contínua por parte de agências internacionais, para evitar desvio de finalidade e que, sob o manto da eficiência energética, gerem armas de destruição em massa sejam produzidas. A Organização das Nações Unidas faz esse papel de observatório e, quando necessário, também fiscaliza.

No caso de Chernobyl, a cultura de ações intramuros, típicas do governo soviético, fez da Usina uma área de segurança e, por isso, indevassável, incluindo as informações operacionais. Mas, ainda que com reservas, o acidente na usina transbordou para o mundo o risco inerente às instalações nucleares e da necessidade de planos de contingência em situação de perigo eminente. A localização se destaca como um fator estratégico para minimização das fatalidades que, tragicamente, se manifestam muitos anos depois.

No caso do rompimento de barragens, foi possível detectar uma mudança no padrão até mesmo porque o caso apresentado é uma construção da década de 1920. Assim, com os novos materiais e mesmo com os sistemas de segurança criados desde então, seria de se prever que, após o acidente, barragens mais seguras seriam construídas. Especialmente, levando em consideração a disponibilidade de conhecimento científico sobre solos. A ocorrência trágica da Barragem de Saint Francis, contudo, não foi suficiente para repercutir sobre obras com a mesma finalidade, pois a regulamentação é local. Assim, é de se esperar que em países mais suscetíveis a desvios de conduta, por fragilidade na regulamentação ou dos órgãos de fiscalização, casos como o de Mariana, ocorrido em 2015, e Brumadinho, acontecido em 2019, se repitam.

Fonte SANTOS, I. C. Aprendendo do jeito mais difícil: as lições aprendidas com os desastres. Perspectivas em Gestão & Conhecimento, João Pessoa, vol. 11, número especial, p. 164-179, mar. 2021b. DOI: http://dx.doi.org/10.22478/ufpb.2236-417X.2021v11nEspecial.57368

7.3 CONHECIMENTO, COMPETÊNCIAS E CAPACIDADES ORGANIZACIONAIS

A capacidade de inovação em qualquer empresa é formada por cinco competências essenciais, que são interdependentes, a saber: a) o papel da liderança e intenção estratégica; b) a construção de um ambiente organizacional orientado para a inovação; c) pessoas talentosas, motivadas e criativas; d) processos de inovação institucionalizados; e, e) resultados obtidos.

Para isso, é preciso definir um modelo de inovação e de gestão do conhecimento que possam refletir o desenvolvimento de competências necessárias ao processo inovativo e à operacionalização dos conceitos que aflorem as capacidades inovativas e tecnológicas (VASCONCELLOS *et al.*, 2017).

Hitt, Ireland, Hoskisson (2018) descrevem três casos de empresas que prosperaram ao desenvolver competências distintivas ao gerenciar o conhecimento organizacional. São elas:

- Pfizer: Competências em analisar vastos conjuntos de dados (*Big Data*). Prontidão de resposta baseada em conhecimento e capacidade tecnológica;
- Apple: Inovar e gerar tendências, liderando a preferência do consumidor. Capacidade em P&D e no domínio da Percepção dos Consumidores.
- Apple (novamente): Atendimento ao consumidor final.

Para Mertins, Heisig, Vorbeck (2003), a produção de conhecimento e o fortalecimento das competências organizacionais passam pelo desenvolvimento aprofundado nas áreas internas tendo como objeto os processos essenciais do negócio.

O Quadro 29 apresenta as capacidades organizacionais desenvolvidas a partir da gestão do conhecimento e por desdobramento das estratégias.

Quadro 29 – Capacidades Desenvolvidas

Áreas funcionais	Capacidades	Cases
Distribuição	Uso de técnicas de gestão logística	Walmart
Recursos Humanos	Motivação, empoderamento e retenção	Microsoft
Gestão da Informação	Controle de estoques por coleta de dados nos pontos de vendas	Walmart
Marketing	Promoção eficaz de produtos da marca Atendimento ao cliente	Procter & Gamble
Gestão	Gestão da marca e visão de futuro	Zara
Produção	Produtos confiáveis, qualidade do design, miniaturização de componentes	Sony
Pesquisa e Desenvolvimento	Tecnologia Inovadora, rápida transformação de tecnologia em produtos e processos, tecnologia digital	Caterpillar

Fonte: Adaptado de Hitt, Ireland, Hoskisson (2018).

A Gestão do Conhecimento, sob a perspectiva da inovação, revela-se como um meio indutor do desenvolvimento das competências tecnológicas, mediante investimentos em P&D, seja por parte das agências internacionais de fomento, ou da própria indústria, seja por parte de programas de fomento governamental, que pode ter uma política de formação de polos industriais que beneficiam as industriais e cadeias produtivas locais.

As aglomerações industriais, formadas no entorno de instituições de ensino, incubadoras e parques tecnológicos, e o aporte governamental em programas orientados para a criação de conhecimento, constituem-se o ambiente tecnológico institucional de um setor. E a sua ação conjunta induz a formação de competências tecnológicas do setor e da especialização tecnológica regional.

Assim, mais do que estabelecer as competências tecnológicas para alçar algum grau de competitividade, a ação conjunta deve encaminhar à autonomia na inovação. A redução da dependência tecnológica de fornecedores estrangeiros, por exemplo, foi um dos motivos para a criação de conhecimento no setor aeroespacial brasileiro (SANTOS, 2004).

Do ponto de vista tecnológico, a competência refere-se à soma dos conhecimentos, competências e habilidades necessárias para gerenciar e adotar recursos tecnológicos. Assim, uma das funções do aprendizado organizacional é provocar, nos profissionais talentosos, o desenvolvimento de suas competências e, na soma, as competências organizacionais orientadas para criar e sustentar as vantagens competitivas por meio do domínio de tecnologias.

Uma vantagem competitiva sustentável é obtida quando uma empresa apresenta desempenho acima da média no longo prazo, resultando em uma atraente taxa de retorno sobre o investimento feito pelos acionistas. Porter (1989) destaca os dois tipos possíveis de alcance de vantagem competitiva: ou a empresa administra a estratégia do custo baixo, ou da diferenciação. E ambos os tipos demandam viabilização por meio da estrutura industrial, que é também uma estratégia competitiva.

De fato, a estrutura industrial como um todo deve favorecer o surgimento de vantagens distintas que, no conjunto, sustentem a estratégia adotada. A melhoria contínua dos processos e do desenho organizacional pode apoiar ações de redução de custo, promovendo inovação incremental; mas, a diferenciação tende a exigir a formação prévia de competências inovativas.

Davenport (2001) define esse conjunto de vantagens geradas pela estrutura industrial como capacidades organizacionais, dispondo que elas estão inseridas em grupos ou alavancas de implementação, do tipo:

a. Capital humano, que se define em razão da aglutinação de habilidades e conhecimentos;

b. Estrutura organizacional, compreendida como um padrão de relacionamento entre unidades e indivíduos dentro da empresa;

c. Processos de trabalho; e,

d. Tecnologia aplicada na produção de bens e serviços e voltada às informações.

A organização dessas capacidades, segundo Davenport, confere efetividade à implementação das estratégias e da vantagem competitiva.

As capacidades organizacionais sustentam as alavancas de implementação, sendo um fator crítico o capital humano e os processos de gestão de pessoas que orientem as políticas de atração e retenção de pessoas-chave, o que desenha alguns desafios às organizações inovadoras, dentre eles:

- Seleção de profissionais talentosos, que são os mais disputados no mercado de trabalho, sobretudo em empresas de base tecnológica;
- Reconhecimento e valorização adequada dos desempenhos superiores, mantendo estratégias de inclusão e diversidade tão esperadas pelos *stakeholders*;
- Desenvolvimentos profissionais para superação de *gaps* de desempenho, ressaltando a efemeridade dos saberes que devem ser permanentemente observados e conciliados com as expectativas de resultado;
- Promoção de um ambiente favorável à melhoria contínua e inovação de processos, produtos, serviços e mercados, e ao compartilhamento de informações e conhecimentos, reduzindo conflitos multigeracionais, por exemplo.

Há reconhecido mérito na afirmação de que o conhecimento é capaz de promover o desenvolvimento de competências humanas essenciais ao negócio central da organização, desde que mobilizado nessa direção e tendo um plano de longo prazo, e por meio dessas competências humanas, atingir as estratégias competitivas do negócio.

Nonaka e Takeuchi (1997) avaliam que o processo de alcance de competências estratégicas como uma forma de conversão do conhecimento, de fora para dentro, e para fora novamente, sob a forma de novos produtos, serviços ou sistemas. Segundo eles, a criação do conhecimento é a base da inovação contínua, e essa inovação resultaria em vantagem competitiva. A "criação do conhecimento organizacional" deve ser apoiada no conhecimento humano, pois são as pessoas que criam o conhecimento.

Hitt, Ireland e Hoskisson (2002) destacavam três categorias fundamentais de tendências que geram mudanças significativas na natureza da concorrência e representam um grande desafio do ponto de vista da competência tecnológica das organizações. São elas:

a. **Crescente Taxa de Mudança e Disseminação Tecnológica**: O ciclo de lançamento de novas tecnologias vem se reduzindo, especialmente nos segmentos de ponta, onde figuram empresas poderosas e que são reconhecidas pelos altos investimentos em pesquisa aplicada e desenvolvimento de novos produtos. Hitt, Ireland e Hoskisson (2002) fazem a seguinte análise:

> *A taxa de mudança da tecnologia e velocidade com que novas tecnologias são disponibilizadas tem aumentado substancialmente nos últimos quinze ou vinte anos. Inovação Perpétua (contínua) é uma expressão empregada para descrever o grau de rapidez e constância com que novas tecnologias baseadas em uma grande quantidade de informações substituem as velhas. A redução nos ciclos de vida dos produtos, em decorrência dessa rápida difusão de novas tecnologias, recompensa em vantagem competitiva a capacidade de lançar rapidamente novos produtos e serviços no mercado. Na verdade, quando o produto se torna algo indistinto devido à rápida e ampla disseminação de tecnologias, a velocidade em relação ao mercado poderá ser a única fonte de vantagem competitiva.*

b. **Era da Informação**: A segunda categoria identificada por Hitt, Ireland e Hoskisson (2002) é a caracterização do período iniciado há três décadas como a Era da Informação. Como exemplo, eles citam o desenvolvimento de novos produtos, mas especialmente de novas aplicações e sistemas de conexão, inteligência artificial, realidade virtual e bases de dados de grande porte.

Andrew Grove *apud* Hitt, Ireland e Hoskisson (2002, p. 18), ex-presidente da Intel, opina que "a utilização dos recursos do correio eletrônico (email) apresenta duas implicações simples, mas assustadoras: ele transforma dias em minutos e permite que uma pessoa alcance centenas de colaboradores com o mesmo esforço requerido para alcançar apenas um".

A combinação da Internet e da Rede Mundial – *Web* – criou uma infraestrutura de transação de informações entre diferentes localidades e acesso de qualquer lugar do mundo, gerando uma ampla gama de aplicações e possibilidades estratégicas, mas também multiplicando os pontos de observação sobre o desenvolvimento de novas tecnologias. Segundo o Centro de Estudos e Sistemas Avançados do Recife – CESAR, o volume transacionado de informações nos últimos anos supera as informações geradas em toda a história da Humanidade, e está estimado em 57 bilhões de *gigabytes*. E os volumes, há algum tempo, vem sendo expressos em *terabytes*.

Uma consequência importante desses avanços é que a habilidade em processar, acessar e utilizar, de modo eficaz, as informações, tornou-se fonte de vantagem competitiva em todos os segmentos, estabelecendo uma fonte de detecção de oportunidades, especialmente quando baseada em sistemas de inteligência de negócios e na análise ampla do ambiente de negócios.

c. **O aumento da intensidade do conhecimento:** A terceira de categoria de acontecimentos é o aumento da intensidade do conhecimento, este composto por informação, inteligência e expertise. Esse conjunto representa a base da tecnologia e da sua aplicação, e visa conferir às organizações a chamada competitividade estratégica.

Com os desafios citados, uma empresa dotada da competência inovadora terá maiores chances de competir em um cenário desafiado por mudanças e por oportunidades de entrega valor para aos seus clientes.

Santos (2004) identificou, no **ambiente tecnológico**, os fatores que mais influenciam a formação de competências tecnológicas com enfoque à Gestão do Conhecimento na indústria aeronáutica, de São José dos Campos, em uma escala de 0 a 10, onde zero é inaplicável e 10 concordo totalmente. São eles:

a. Atualização tecnológica (8,7);

b. Disseminação Rápida de Novas Tecnologias (8,3),

c. Especialização Tecnológica dos Países (8,1);

d. Oferta de Mão de obra Altamente Qualificada (8,0); e

e. Velocidade das Mudanças Tecnológicas (7,9).

Em relação ao ambiente de negócios, Santos (2004) identificou os fatores mais influentes, de modo a orientar a formação de competências de Gestão de Negócios para a indústria aeronáutica regional. Destes fatores, aqueles considerados os cinco mais influentes na formação das competências em Gestão de Negócios foram:

a. Intimidade com o Cliente e Competição por Nicho de Mercado (9,1);

b. Engajamento de Recursos Humanos (8,8);

c. Formação de Parcerias Estratégicas (8,7);

d. Competição por Produtos/Serviços Diferenciados, e Disponibilidade de Recursos Humanos e Infraestrutura (8,6).

E mesmo, em uma indústria com uma infraestrutura tecnológica de ponta, o fator humano na construção das competências foi uma ação intensiva e focada no conhecimento e no alto desempenho. No comportamento humano, destacou-se a questão do engajamento e do comprometimento com a segurança do produto. E foi apontado que a cultura do engajamento foi construída também, dentro da lógica da qualidade, em todos os níveis. Independentemente da função, todos os empregados se sentiam responsáveis pelo produto final.

7.3.1 Capacidade Absortiva

> *O que vemos hoje é que a imensa velocidade com que as inovações científicas e tecnológicas acontecem pode exceder a capacidade do ser humano e das nossas estruturas sociais de assimilar e se adaptar a elas. Os seres humanos vêm se adequando gradualmente às mudanças, é verdade, mas também é fato que muitos não conseguem acompanhar toda essa aceleração (SCHMOISMAN, 2022, s/p.).*

Um dos desafios da Gestão do Conhecimento é a persecução das fronteiras tecnológicas que estão em constante deslocamento em razão da velocidade com que ocorrem as mudanças. A esse fenômeno de rápido deslocamento das fronteiras tecnológicas dá-se o nome de aceleração contemporânea. Tudo muda, o tempo todo, no mundo. Santos (1999) definiu esse processo como sendo

> [...] uma nova evolução das potências e dos rendimentos, com o uso dos novos materiais e de novas formas de energia, o domínio mais completo do espectro eletromagnético, a expansão demográfica (a população mundial triplica entre 1650 e 1900, e triplica de novo entre 1900 e 1984), a expansão urbana e a explosão do consumo, o crescimento exponencial do número de objetos e do arsenal de palavras

As empresas de alta tecnologia são, em geral, mais expostas aos efeitos da mudança tecnológica. E, com novas tecnologias, surgem novas práticas, preferências e novos hábitos de consumos, e, não raro, são reformulados conceitos dados com certos, como o próprio espaço urbano que se articula em torno de novas tecnologias, como as cidades inteligentes, que reconstrói as noções típicas de convívio, segurança e privacidade.

A força da competitividade dessas empresas está no desenvolvimento das competências científicas e tecnológicas, voltadas para a geração de inovações disruptivas. E para isso, é necessário desenvolver nos gestores e nas equipes de trabalho a habilidade em reconhecer o valor da nova informação, assimilá-la e aplicá-la para fins comerciais. Essa capacidade absortiva pressupõe atividade de prospecção e de "equipes dedicadas a esforços de pesquisa e desenvolvimento (P&D), especialmente quanto maior for o conteúdo de ciência ou de conhecimento embutido na inovação tecnológica" (CNI, 2019, p. 14).

A CNI destaca no quesito de capacidade absortiva e a formação de competências científicas as empresas Natura, a Pharmakos D'Amazônia, a Simbios Tecnologia e a Habitar Construções Inteligentes.

Pharmakos D'Amazônia

A Pharmakos D'Amazonia é uma empresa com sede em Manaus (AM), que produz e comercializa cosméticos derivados da biodiversidade amazônica e com apelos naturais e de sustentabilidade. Seu ponto de partida foi um projeto de pesquisa financiado pela Finep que deu origem a quatro colônias com a cara da Amazônia, aproveitando os conhecimentos científicos de seu fundador, professor da Universidade Federal do Amazonas (Ufam).

Com apoio do Sebrae e do IEL, a pequena unidade de manipulação de extratos nos fundos da residência deu lugar, em 2001, a uma unidade no Centro de Incubação e Desenvolvimento Empresarial. Seu primeiro produto foi um gel refrescante com óleo de copaíba, que pode ser utilizado, sobretudo, em massagens. Dos cremes, a Pharmakos evoluiu para uma linha diversificada de produtos, tendo sempre a biodiversidade como elemento central. Os desafios regulatórios de um mercado sob jurisdição da vigilância sanitária foram identificados e vencidos com as competências de novos profissionais e da segunda geração da família.

Em 2008, a Pharmakos transferiu-se para o Distrito Industrial de Micro e Pequenas Empresas. Hoje a empresa atua em três segmentos principais: perfumaria (colônias com produtos e cheiros da Amazônia); alimentos (especiarias, ervas, frutos, óleos e aromas da floresta); e fitocosméticos.

O sucesso pode ser avaliado pelos seguidos prêmios recebidos: seis vezes agraciada com o prêmio Finep de Inovação: 1º lugar em 2004, 2006, 2008 e 2010; 2º lugar em 2005; e 1º lugar em 2012 na categoria Pequena Empresa e Inovação Sustentável. Mas esse sucesso também pode ser avaliado pelos seus novos passos no mercado internacional: já conta com cinco distribuidores nos EUA, tendo realizado a primeira exportação-piloto em 2017, além de ter participado *da Beauty World Middle East*, uma feira do setor realizada em Dubai.

Fonte: CNI (2019, p. 16-17). Inovar é desenvolver a indústria do futuro: 30 casos de inovação em pequenas, médias e grandes empresas. Disponível em: https://static.portaldaindustria.com.br/media/filer_public/95/ab/95ab45b4-4668-4399-bf85-2517607d4997/30_casos_de_inovacao_web_1.pdf Acesso em 17 mar. 2023.

A capacidade absortiva configura-se como uma resposta estratégia à prontidão de respostas frente às mudanças, refletindo a capacidade que uma empresa desenvolve de absorver, transformar ou adaptar e aplicar novos conhecimentos, geralmente advindos do ambiente externo.

A orientação empreendedora, o capital humano e o transbordamento de conhecimento tecnológico contribuem para o crescimento econômico. E, algumas medidas, como a aquisição de tecnologia estrangeira, vêm sendo debatidas como um processo que acelera a expansão da capacidade de absorção de conhecimento externo, com uso da engenharia reversa, ainda que sobre essa prática pesem questões éticas, foi profusamente adotado por países que transitaram de uma economia fundamentada em *commodities* primárias para o fortalecimento da produção tecnológica nacional, como a Coreia do Sul, China e antes delas, o Japão (LUZ E SANTOS, 2007).

A "capacidade absortiva reflete a competência da empresa em assimilar e transformar conhecimento para fins comerciais" (SILVEIRA, SANTOS, LEÃO, 2022, p. 3). Desse modo, asseguram os autores, que novos conhecimentos e capacidade de absorvê-los são elementos essenciais tanto para a empresa que visa sustentar vantagens competitivas quanto da capacidade absortiva de um país em rapidamente adotar novas tecnologias.

Para este contexto cooperam as empresas de base tecnológica (EBTs) e o empreendedorismo derivados dos *habitat*s de inovação, que reconhecidamente são mais ágeis na transformação do conhecimento em valor econômico, conduta conhecida como experimentação rápida (ROGERS, 2022). E, com isso, em vantagem competitiva, sustentando, ao longo do tempo, os benefícios de desenvolvimento econômico regional oriundos de transbordamento de conhecimento (SANTOS; PAULA, 2012).

Por exemplo, as *startups* são importantes no processo de inovação e dinamismo no desenvolvimento de tecnologias como fatores determinantes para a ampliação das políticas de incentivo às empresas nascentes e já estabelecidas que integram o ecossistema de inovação (FREIRE; MARUYAMA; POLLI, 2017).

Cohen e Levinthal (1989) apresentaram o constructo da Capacidade Absortiva Individual ao debater as duas faces da P&D, referindo-se às oportunidades de explorar novos conhecimentos externos e de assimilar novidades no campo da tecnologia trazidas pela inovação e do processo de aprendizagem decorrentes dos investimentos em Pesquisa e Desenvolvimento. Criado no contexto das Teorias do Caos e da Complexidade, o conceito ganhou relevância para a compreensão da sobrevivência de empresas em cenários de mudanças rápidas e imprevisibilidade, ao creditar à Gestão de Conhecimento o valor estratégico na geração e manutenção de vantagens competitivas.

Os indivíduos são os operadores do conhecimento, somando outras habilidades como a curiosidade, a captura de informações externas, a adaptação e a criatividade para aplicação interna dos novos conhecimentos. Esse comportamento tende a se manifestar em ambientes de trabalho que valorizam a participação e quando a cultura organizacional nutre inovação em multiníveis.

Terra (2000) sugere que as organizações brasileiras expostas à competição global, além de aumentarem seus investimentos em qualificação profissional e em Pesquisa e Desenvolvimento, precisam implementar práticas gerenciais modernas que promovam ambientes organizacionais voltados à inovação de produtos e processos. O autor, ainda, recomenda que elas adotem proativamente estratégias de Gestão do Conhecimento, criando mecanismos para geração sistemática de novos conhecimentos e para a sua disseminação pela organização inteira e, rapidamente, para incorporá-los às novas tecnologias, serviços, processos e produtos. Para tanto, deve haver uma ação conjunta e simultânea de Gestão da Inovação e Gestão do Conhecimento.

Fleury e Fleury (2000, p. 43-55) destacam a necessidade de alinhamento entre as estratégias e as competências, visando o modelo competitivo da indústria onde a organização se insere, e seus recursos internos *(resource-based view of the firm)*, tangíveis e intangíveis, em resposta às condicionantes competitivas de mercado, cujo enfrentamento é baseado nas estratégias competitivas e competências essenciais da organização, apresentadas no Quadro 30.

Quadro 30 – Tipos de Estratégia e formação de competências

Estratégia Empresarial	Competências Essenciais		
	Operações	Produto	Marketing
Excelência Operacional	**Manufatura de Classe Mundial**	Inovações Incrementais	De produtos para consumo de massa
Inovação em Produto	*Scale up* e Fabricação primária	**Inovação Radicais** *(breakthrough)*	Seletivo para nichos receptivos à inovação
Orientada para Serviços	Manufatura ágil e flexível	Desenvolvimento de soluções e sistemas específicos	**Focado em clientes específicos (customizações)**

Fonte: Adaptado de Fleury e Fleury (2000)

O Quadro 30 apresenta a relação entre a estratégia empresarial e os tipos de inovação por intensidade da mudança necessários para atendê-la. A estratégia de excelência operacional reflete a condução de inovações incrementais que tornem o produto uma opção de consumo, portanto, competitivo, para consumidores sensíveis ao preço (TREACY; WIESERMA, 1995).

De forma semelhante, quando a estratégia empresarial é orientada para a inovação em produto, é de se esperar que a ênfase da competência esteja na P&D, para tanto a estratégia de marketing deve ser orientada para nichos – mercado e clientes – sensíveis à inovação que o produto representa. Se a estratégia for orientada para serviços, como um valor de entrega para o cliente, espera-se que a empresa tenha uma atividade de P&D orientada para entregar a chamada solução total – produto mais serviços agregados e a abordagem de marketing deve ser orientada para os benefícios da customização (TREACY; WIESERMA, 1995).

Terra (2000) discute a relação intrínseca entre a criatividade, o aprendizado e o conhecimento tácito, como pré-requisitos da inovação. No aspecto da criatividade são apontados os seguintes aspectos:

- *Expertise*, definida pelo campo de exploração intelectual,
- Habilidades do pensamento criativo, e,
- Motivação, emoção e afeto com o objeto da criação.

Dessa forma, a Gestão do Conhecimento emancipa o indivíduo, comprometido com a geração e o fortalecimento das competências da organização, com fundamento da competitividade. Cohen e Levinthal (1989) denominam esse processo como capacidades absortivas individuais.

Frate e Bido (2022, p. 2) descrevem a Capacidade Absortiva Individual como resultante de um processo de aprendizagem interna que começa com os "indivíduos aprendendo com o ambiente externo e finda na implantação desse aprendizado. É a concretização das dimensões: identificação, assimilação, transformação e aplicação de novos conhecimentos".

Mertins, Heizig e Vorbeck (2003) propuseram um modelo Gestão do Conhecimento apoiado em seis áreas essenciais para comportar processos de aprendizagem e de avanços do conhecimento. Três dessas áreas se referem à organização humana no trabalho. São elas: Recursos Humanos, Cultura Organizacional e Liderança.

A Figura 31 apresenta o modelo de Gestão do Conhecimento proposto pelos autores.

Figura 31 – Áreas definidas para a Gestão do Conhecimento

Fonte: Mertins, Heizig, Vorberck (2003, p. 11)

Como apresentado na Figura 31, a Gestão do Conhecimento é orientada para adicionar valor aos processos essenciais dos negócios, de forma encadeada, e para tanto, apoia-se em áreas técnicas relacionadas ao Controle do negócio, por meio de indicadores; Organização e Normas, que facilita a revisão no modelo de comando e dos processos de negócio; a Tecnologia da Informação, orientada para formar acervos do conhecimento e do desempenho organizacional, apoiando os processos decisórios com autonomia em multiníveis.

No aspecto da organização humana, é importante destacar que o modelo de Mertins, Heizig e Vorbeck (2003) ressalta a importância dos processos de capacitação humana e do comprometimento com os resultados. Assim, há um contínuo esforço para qualificação e educação continuada da mão de obra. E a cultura organizacional deve ser orientada para acolher a novidade e a inovação. Ou seja, os indivíduos devem sentir-se apoiados para contribuir no processo da Gestão do Conhecimento e na busca da informação nas redes de relacionamento interorganizacional (FREIRE *et al.*, 2014).

A terceira área na organização humana descrita na Figura 31 refere-se à Liderança. Senge (1996, p. 69) descreveu o que seria o perfil da nova liderança, justificando que "líderes são (...) sinceramente compromissados com mudanças profundas em si mesmos e em suas organizações. Lideram através do desenvolvimento de novas habilidades, recursos e novos empreendimentos".

Em ambientes de aprendizagem, Senge vislumbrou três tipos de liderança:

- **Líderes de linha locais**: devem sancionar experimentos práticos e significativos, que conectem os recursos alocados na aprendizagem aos resultados empresariais, e liderar por meio da sua participação ativa nos projetos inovadores, tornando-se multiplicadores do processo aprendido.
- **Líderes executivos**: Responsáveis pelo apoio aos líderes de linha e por garantir um ambiente operacional propício ao aprendizado, seja pela articulação de ideias ou projetos visionários, baseados no conhecimento da organização e na percepção das oportunidades a longo prazo, ou

garantindo a infraestrutura necessária ao aprendizado. E mesmo pela revisão do papel, habilidades e conhecimento dos executivos, ao constatar que eles também precisam ser reciclados, ou ter seus campos de atuação redefinidos.

- **Intercomunicadores ou construtores de comunidade:** São líderes informais, os quais, em geral, possuem grande carisma e permeabilidade relacional dentro do seu grupo de trabalho. A eles competem desenvolver novos recursos de aprendizado, influenciar e convencer as pessoas a participarem dos processos de aprendizagem, instituir mudanças em estruturas ou processos organizacionais e promover os intercâmbios entre os departamentos.

Para desenvolver a capacidade absortiva é preciso combinar os diferentes aspectos da organização humana e técnica como trilhas de aprendizado contínuo, considerando que o contexto externo muda de forma imprevisível e com impactos que estão fora do âmbito de controle das empresas.

Então é preciso desenvolver uma inteligência organizacional ampla e emancipar os indivíduos para que se sintam potentes para apresentar ideias, sugestões e contribuir com a organização. Nesse ponto, alguns desafios se revelam urgentes, especialmente em empresas intensivas em conhecimento:

- A forma como a empresa expressa poder, autoridade e acesso aos decisores. É preciso desconstruir as torres de marfim, adotando uma postura verdadeiramente participativa, comunicação aberta e tolerante ao erro honesto, que é aquele que resulta de uma decisão ou ação que, embora cercada de cuidados, resultou em algum tipo de incidente ou efeito indesejável;
- A rigidez normativa. Ambientes multigeracionais e multiculturais devem ser permeados com a flexibilidade

estratégica que se resume na capacidade de adaptação e pronta resposta aos desafios do ambiente de negócio, dos competidores, e aqueles trazidos pela incerteza ambiental.
- Apego ao sucesso do passado. Produtos mudam em compasso com as mudanças da sociedade. Ignorar o imperativo da mudança em mudanças nos produtos, processo e produtos pode retardar o lançamento de produtos inovadores.

Angeloni (2002) propôs um modelo alternativo de organização do conhecimento, combinando os diversos autores do pensamento organizacional contemporâneo, cujas linhas de raciocínio interagiram na síntese apresentada na Figura 32.

Figura 32 – Modelo de Organizações do Conhecimento

Fonte: Angeloni (2002)

Esse modelo é composto por três dimensões interagentes e interdependentes: a dimensão infraestrutura organizacional, a dimensão pessoas e a dimensão tecnologia. Essas dimensões devem ter recursos e capacidades para fazer frente à necessidade de geração e compartilhamento de conhecimentos. E os demais elementos referem-se às habilidades e sistemas que devem combinados para implementação dos processos de aprendizagem organizacional.

Santos (2018, p. 64-66) explorou as dimensões do modelo de Angeloni, esclarecendo que a dimensão Infraestrutura Organizacional "refere-se ao ambiente organizacional, considerando a influência deste no comportamento, atitudes e nas ações dos indivíduos nele inseridos". Essa dimensão é tangibilizada pela "criação e a manutenção de um ambiente propício à gestão do conhecimento". Assim, ele deve abrigar:

a. **Visão Holística:** Integrando as estratégias, informações e recursos, propiciando que a cultura organizacional seja aberta e flexível, que valorize a qualificação dos profissionais, a capacidade de construção de relacionamentos favoráveis ao seu crescimento e do negócio.

b. **Estilo Gerencial:** que deve ser orientado à flexibilidade, à participação e à promoção de mudanças constantes.

c. **Estrutura:** Nas organizações de aprendizagem as estruturas devem ser revistas periodicamente como um meio de quebrar o rigor do poder concentrado, impor certo grau de incerteza para estimular a flexibilidade e propiciar o comportamento inovador e as inovações.

d. **Cultural Organizacional:** A cultura deve valorizar a participação, o diálogo e a tolerância ao erro honesto, fruto do objetivo de promover mudanças positivas.

A dimensão Pessoas insere-se no debate sobre a complexidade organizacional, segundo a qual as pessoas são os principais agentes de transformação (Angeloni, 2002). As pessoas tomam decisões e realizam mudanças. A autonomia da ação humana nas organizações está delimitada por racionalização, e organização dos insumos produtivos e pelas contingências e demandas ambientais com as quais as organizações lidam. Estão compreendidos nessa dimensão:

- Aprendizagem: do indivíduo para a organização e desta para outras organizações, dentro da cadeia de valor da empresa;
- Compartilhamento do Conhecimento, adotando fóruns de debates, melhores práticas entre departamentos e outras práticas formais e informais;
- Os modelos mentais resultam das experiências pessoais e conhecimentos técnicos em prática, e são valiosas no contexto da gestão do conhecimento organizacional, pois possibilitam aos indivíduos expandir seu potencial para atingir resultados e aumentar a capacidade analítica. Neste caso, processos de mentoria são especialmente úteis;
- A criatividade é um ativo importante e bastante destacado pelos autores, ao longo do tempo. À medida que a capacidade intelectual é ampliada com processos de treinamento e desenvolvimento, e de vivência profissional, a criatividade torna-se um ativo de alto valor para as empresas inovadoras; e
- A intuição é um tipo de conhecimento tácito, e não mediado por circunstâncias objetivas, que permite aos indivíduos tomar decisões com base nesse acervo. Sendo uma espécie de "voz interna", mediada por experiências e memórias, a intuição deve ser um elemento de valor para as organizações que aprendem e inovam.

A dimensão Tecnologia é relativa aos recursos de *hardware* e *software* adotados para apoiar as atividades de controle gerenciamento e da tomada de decisão. Os recursos considerados como suporte à engenharia do conhecimento são as redes de computadores *(Internet, intranet e extranet)*, *groupware*, GED/EED (gerenciamento eletrônico de documentos), *workflow* e *data warehouse*.

A literatura oferece alguns modelos de Gestão de Conhecimento, mas ressalta-se que a perenidade desses modelos deve ser pautada pela efetividade com que eles apoiem as estratégias do negócio, gerando vantagens competitivas sustentáveis, melhorando continuamente a atratividade da empresa para os acionistas e empregados. Além do que, os modelos de GC devem ser customizados e dinâmicos, considerando que mudanças internas e externas têm o condão de redefinir as prioridades em termos de formação de competência ou fortalecimento das capacidades.

Kuriakose (2010, *apud* PINHEIRO, 2020, s.p.), sugere seis critérios para comparação entre os modelos de Gestão do Conhecimento: contexto; aplicabilidade; estágios; avaliação; validação e áreas-chave.

> *Contexto: refere-se ao contexto em que cada modelo foi desenvolvido. Por exemplo, o modelo pode ter sido desenvolvido para um determinado setor, ou para uma determinada empresa, ou ser genérico. Aplicabilidade: refere-se a que entidade cada modelo pode ser aplicado. Por exemplo: o modelo pode ser aplicado para qualquer empresa, ou somente para um determinado setor, ou para uma determinada empresa. Estágios: refere-se à quantidade de estágios/etapas/camadas/ critérios de cada modelo. Avaliação: refere-se à indicação de uma metodologia específica para aplicação prática do modelo. Pode ser classificada como objetiva, quando a ferramenta é descrita no modelo; subjetiva, quando descreve como o modelo foi aplicado e seus resultados, mas não apresenta*

a ferramenta; ou, ainda, não indica nada. Validação: indica a metodologia de validação do modelo, ou seja, indica como ele foi aplicado. Pode ser um estudo de caso, por exemplo. Áreas-chave: indica as áreas-chave utilizadas por cada modelo.

Para refletir...

O nível educacional tem um efeito substancialmente elevado no desempenho socioeconômico de um país. Por um lado, criam-se diversas oportunidades profissionais e pessoais para os cidadãos com um nível educacional melhor. Esses indivíduos terão melhor qualificação para atuarem em suas profissões, sua remuneração tenderá a ser mais alta e sua capacidade de progredir socialmente serão muito mais elevadas. Países com níveis educacionais elevados também passam a experimentar uma transformação da sociedade, a qual tende a elevar-se culturalmente e politicamente. Um escrito no prédio da Biblioteca Pública de Boston reflete bem a importância da educação para uma sociedade: "A comunidade requer a educação das pessoas como salvaguarda da ordem e da liberdade". Afinal de contas, uma população com um nível de instrução mais elevada tende a eleger políticos mais responsáveis, preservar as instituições democráticas e respeitar a lei.

Por outro lado, a educação eleva a capacidade de crescimento e dinamismo econômico do país, pois é um instrumento fundamental para o aumento do capital humano da população. Pessoas com um elevado nível de instrução terão mais habilidades e capacidade de executar suas funções profissionais, aumentado assim a produtividade da economia, além de promover um ambiente de inovações.

A receita de investimento em educação como uma estratégia para o desenvolvimento econômico foi seguida por diversos países, os quais obtiveram resultados positivos. O exemplo mais notável é o da Coréia do Sul. O país asiático, que era um dos mais pobres do mundo até a década de 1960, apostou na inovação como uma das principais estratégias para o seu desenvolvimento. O êxito dessa estratégia foi excepcional. Em poucos anos, o país começou a experimentar elevadas taxas de desenvolvimento econômico e passou a desenvolver um setor industrial e tecnológico extremamente inovador, capaz de competir com economias fortes como a do Japão, EUA e Alemanha. Em 2019, o país era a 12ª maior economia do mundo e 4ª da Ásia, apesar de seu território ser pequeno, com poucas riquezas minerais e um solo pouco fértil. No entanto, suas empresas são referências para o mundo: Samsung, Hyundai, KIA, POSCO, LG, são algumas das grandes empresas do país.

Infelizmente, o Brasil não seguiu o mesmo exemplo dos coreanos. Segundo a PNAD (Pesquisa Nacional por Amostra de Domicílios) 2019, realizada pelo IBGE, mais da metade das pessoas com 25 anos ou mais não possui ensino médio completo, cerca de 20% dos jovens abandonaram alguma etapa da educação básica, e 6,6% da população é analfabeta. No entanto, os problemas não terminam com a evasão escolar e o analfabetismo. Muitos dos que terminam a educação básica possuem um desempenho educacional sofrível. A prova do PISA de 2018 indicou que dois terços dos brasileiros de 15 anos sabem menos que o básico de matemática e que o Brasil estagnou no desempenho de leitura dos alunos nos últimos dez anos.

Mas o problema da educação no Brasil não parece ser a falta de investimento governamental. Em 2017, o governo realizou gastos com educação equivalentes a 6,3% do PIB, superior inclusive à Coreia do Sul, na qual os gastos em educação em relação ao PIB foram de 4,3%. Em 2019, o orçamento do MEC (Ministério da Educação) foi de aproximadamente R$118 bilhões, ou seja, o drama da educação brasileira não está na falta de recursos, mas na má utilização desses recursos e na utilização de métodos de ensino inadequados.

Um dos grandes problemas estruturais da educação no Brasil é a disparidade de gastos entre a educação básica e superior. Segundo dados divulgados pela OCDE, em 2018 o ensino superior do Brasil, com um sexto dos alunos do país, recebia três vezes mais aportes do que o ensino básico. Logo, a educação básica, a qual é fundamental para o desenvolvimento de um ensino superior forte, recebe muito menos recursos. A falta de investimentos no ensino básico também ocasiona distorções sociais, pois os alunos de escolas particulares, os quais geralmente possuem um nível social mais elevado, são os que possuem maior chance de acesso nas universidades públicas do país.

Fonte: Extraído de "A Educação como chave para o desenvolvimento econômico", escrito por João Victor Silva (2021). Disponível em: https://orsitec.com.br/2021/02/25/a-educacao-como-chave-para-o-desenvolvimento-economico/. Acesso em 24 mar. 2023.

O próximo capítulo descreve as contribuições dos processos de aprendizagem e do conhecimento para a competitividade das empresas.

8. INOVAÇÃO, COMPETITIVIDADE E CONHECIMENTO

Há consenso na literatura sobre o imperativo do conhecimento em ambientes empresariais expostos às rápidas mudanças tecnológicas e a crença justificada de que o conhecimento é o motor do progresso tecnológico. Quanto mais complexo o setor competitivo, mais as empresas devem investir em conhecimento. Comportamento empreendedor, cultura de inovação, investimentos contínuos em P&D são alguns dos pressupostos mais frequentes na literatura sobre mudança tecnológica, mas, pergunta-se, seriam suficientes?

A história recente da Administração aponta casos impensáveis de perda de mercado, por apego excessivo ao produto e ao modelo de gestão. Os casos da Xerox, da Blockbuster e da Kodak são verdadeiros clássicos na gestão contemporânea de empresas e ensinam algumas lições importantes. E a primeira delas é a impermanência do sucesso.

Uma dessas empresas, a Kodak, foi a primeira empresa a deter a patente de tecnologia digital (que também tem muito a ver com o smartphone), em 1975. Então, o que a fez tornar-se obsoleta e perder espaço na arena competitiva?

A empresa foi fundada em 1888, por George Eastman que foi o inventor do papel fotográfico e, ao reunir-se com outros talentosos inventores, acabou criando a primeira câmera fotográfica, a indústria e o primeiro *slogan* comercial – "você aperta um botão e a gente faz o resto" (STARTSE, 2023). Ao longo do tempo, a Kodak desenvolveu filmes fotográficos para detecção da radiação a que estavam expostos os cientistas do Projeto Manhattan, que estavam desenvolvendo a bomba atômica. Posteriormente, o filme foi utilizado para diagnóstico por imagem, de uso clínico. Outras inovações, como o microfilme foi desenvolvido para o enfrentamento das comunicações e da documentação, durante a Segunda Guerra Mundial e ao longo da Guerra Fria e da Conquista Espacial.

Na década de 1970, a Kodak dominou 90% do mercado mundial do seu principal produto e 85% na tecnologia empregada. Chegou a ter 100 mil empregados no mundo todo, inclusive com fábrica no Brasil. A inovação foi a orientação do seu negócio, e apesar disso, em 2012, a empresa faliu em nível mundial.

A queda da Kodak

Qual foi a última vez que você flagrou alguém com uma câmera fotográfica Kodak? Se a Kodak tivesse tido o senso de urgência sobre as mudanças na tecnologia digital, nós poderíamos estar usando um smartphone Kodak exatamente agora.

A Kodak tem o crédito por ser a primeira empresa a deter a patente da tecnologia digital. Mas a gigante das câmeras fotográficas decidiu ficar na mesma. Quando eles acordaram para a situação e oferecer câmeras digitais, já era tarde demais. Eles pediram falência em 2012.

Fonte: Traduzido e adaptado de https://www.businessarticleshub. com/20-of-the-worst-business-decisions-ever-made/. Acesso em 6 mar. 2023.

A empresa ainda tenta se recuperar, sendo hoje uma sombra do que foi, mas esse tem sido um esforço gigantesco e difícil de alcançar. Conta atualmente com 6 mil empregados, e seu valor de mercado é de US$ 430 milhões, uma pequena fração do que ela valeu no passado (STARTSE, 2023). Uma das justificativas da derrocada da Kodak é a rejeição à ideia da mudança tecnológica, chamada de tecnomiopia, e a não observação da mudança nos hábitos de consumo. E os tomadores de decisão acharam inadequado renunciar ao filme de rolo, que era a "galinha dos ovos de ouro" da empresa. Ou seja, o modelo mental aprisionou os executivos da empresa por um tempo muito longo.

A experiência da Kodak traz, minimamente, três ensinamentos: o sucesso não garante a permanência na posição; que a competitividade passa também pela renovação do modelo mental dos gestores da empresa; e, que não há empresa inovadora sem a coragem necessária para canibalizar os seus próprios produtos quando eles se afastam das fronteiras tecnológicas e dos hábitos dos consumidores.

A Xerox, fundada em 1906, a Xerox já foi uma das gigantes americanas. O PARC (Palo Alto Research Center) da Xerox tinha objetivo de criar novas tecnologias inovadoras. E conseguiram: computadores, impressão a laser, Ethernet, *peer-to-peer*, *desktop*, interfaces gráficas, *mouse* e muito mais.

E muitos competidores ganharam muito dinheiro com essas descobertas, exceto a própria Xerox. Isso é uma prova de que não adianta ter um time de inovação dentro da sua empresa criando coisas sensacionais. Inovação também é gestão. Não adianta ter os melhores inovadores na companhia se seus gerentes não conseguem implementar essas inovações para o mercado – uma regra de ouro para Larry Page, fundador do Google.

A Xerox possui 12 mil patentes ativas, mas esse acervo de grande valor não impediu o declínio da curva de sucesso da empresa e, tampouco, impediu a obsolescência do seu produto.

> **Em 2018, a Xerox "vende 51% do controle acionário para o Grupo Fujita".**
>
> Devido ao contínuo declínio no setor de alta tecnologia, em janeiro de 2018 a Xerox anunciou que estava sendo adquirida pela Fujifilm, em um negócio avaliado em mais de US$ 6 bilhões. As duas empresas tinham uma relação comercial permanente, desde que criaram a joint venture Fuji Xerox, em 1962. A empresa recém-criada deveria manter esse nome e servir como uma subsidiária da Fujifilm. A fusão proposta, entretanto, sofreu forte resistência dos dois principais acionistas da Xerox, Carl Icahn e Darwin Deason, ambos acreditando que a Xerox havia sido subvalorizada no negócio. Eles entraram com uma ação judicial, e em maio a Xerox anunciou que estava cancelando a fusão. Várias mudanças de pessoal também foram anunciadas, incluindo a saída do, então, CEO Jacobson.
>
> Fonte: Traduzido e adaptado da Encyclopaedia Britannica. Disponível em: https://www.britannica.com/topic/Xerox-Corporation. Acesso em 6 de mar. 2023.

No caso da Xerox, o DNA da inovação parece ter sido restrito ao PARC. A empresa parece ter investido permanentemente em inovação, mas, ao que revela o caso, não cultivou as habilidades necessárias para levá-las ao mercado. Muitas vezes, quando a empresa tem um produto que é a sua galinha dos ovos de ouro, tende a se concentrar exclusivamente na comercialização dos produtos e serviços já existentes e não na introdução de novidades, fazendo prevalecer a máxima popular que diz que "time que está ganhando, a gente não mexe". E essa desconsideração com as novidades pode ter sido a raiz de um erro fatal.

Antes dos serviços de *streaming*, a Blockbuster Vídeo dominava o setor de entretenimento doméstico, sendo a maior empresa de locação de videocassete do mundo. Aparentemente, a Blockbuster não previa a mudança dramática nos próximos anos e isso acabou levando à destruição da empresa. A Netflix, por outro lado, cresceu enquanto o mercado de aluguel de vídeos domésticos encolhia até desaparecer.

Netflix e a Blockbuster

Em 2000, o cofundador da Netflix, Reed Hastings, pediu aos executivos da Blockbuster que divulgassem a Netflix em suas lojas e, em contrapartida, a Netflix divulgaria a Blockbuster em suas redes *online*. Esse acordo equivaleria à incorporação da Blockbuster no grupo Netflix por 50 milhões de dólares. A Blockbuster rapidamente recusou a oferta.

Menos de uma década depois, em 2010, a Blockbuster entrou com um pedido de proteção à falência do Capítulo 11. Em uma reviravolta do destino, a popularidade da Netflix foi a principal causa da derrocada da Blockbuster. Atualmente, a Netflix tem mais de 90 milhões de usuários em todo o mundo e possui ativos no valor de mais de US$ 13,5 bilhões. A Blockbuster acabou falindo em 2013.

Fonte: Traduzido e adaptado de https://www.businessarticleshub. com/20-of-the-worst-business-decisions-ever-made/. Acesso em 6 mar. 2023.

Notadamente, os casos descritos foram negócios baseados em inovação e alcançaram posição de importância em seus mercados. O que teria, então, provocado a derrocada dessas importantes e pioneiras empresas?

Talvez a resposta possa estar contida na Teoria da Complexidade, proposta pelo filósofo francês, Edgar Morin. A competitividade de uma organização não pode ser considerada isoladamente. Há um esforço simultâneo de empresas, em um mesmo setor, para obtenção de ganho de mercado.

A competitividade de uma empresa pode não refletir o estado competitivo do seu setor de atuação e vice-versa. Produtos monopolizados desafiam regras de competitividade e de inovação também. "Antes, porém, a competitividade é a medida de equilíbrio, ou auto-eco-organização, frente à variabilidade ambiental (MORIN, 1990) nos cenários político-legal, sociocultural, demográfico, tecnológico, econômico e ambiental" (SANTOS, 2018, p. 8).

Morin (1990), ao referir-se ao caos, equilíbrio instável e estruturas dissipativas, destaca o que seria chamado de Paradigma da Complexidade, buscando conciliar os fenômenos imprecisos e incertos, em oposição à ideia de certeza e de equilíbrio constante trazida pela ciência normal (SANTOS, 2018).

A incerteza e a ruptura são elementos presentes em ambientes complexos. Fenômenos aleatórios, como o surgimento de novas tecnologias ou materiais substitutos, podem estar na base das mudanças para as quais algumas empresas, mesmo estruturadas e pautadas pela noção de certeza, de domínio de mercado, e surpreendê-las com novas trajetórias tecnológicas que vão determinar a continuidade ou descontinuidade de produtos, processos, serviços e mercados.

A complexidade, segundo Morin (1990, p 51-52),

> *É a incerteza no seio de sistemas ricamente organizados. É preciso doravante aceitar certa ambiguidade e uma ambiguidade certa (na relação sujeito/objeto, ordem/desordem, auto-hetero-organização). É preciso reconhecer fenômenos, como a liberdade ou criatividade, inexplicáveis fora do quadro complexo, o único que permite sua aparição.*

A complexidade demanda uma mudança fundamental e uma revolução paradigmática (SANTOS, 2018) a que muitas empresas não estão preparadas, ou mesmo, não acreditam. Estamos falando de pessoas com poder decisório extremo e modelo mental limitado ao *modus operandi* atual, inseridas em organizações que, apesar de reputadamente inovadoras, têm baixa tolerância ao risco e ao erro. Não tomar uma decisão de mudança pode induzir a um risco mais elevado do que ao tomar uma decisão de mudança errada. O mecanismo de auto-organização opera na correção rotas, desde que elas tenham sido tomadas.

Em maior ou menor grau, toda empresa nasce de um processo que visa explorar novas oportunidades. E isso, por si só, é um risco que todo empreendedor assume. Eventualmente, essa oportunidade poderá ser explorada com algum tipo inovação, o que também evoca considerável esforço para gestão do risco.

É fato que, ao longo do crescimento da organização, ela tende a sofisticar os seus processos e estruturas, que se tornam cada vez mais complexos e normatizados. Mas, o chamado "frescor da inovação" cria vantagem até que os competidores possam oferecer produto e benefícios semelhantes, ao adotarem estratégia imitativa.

Alguns autores apostam que adotar processos de mudança e renovação organizacional pode estimular o comportamento empreendedor e criar uma prática de atenção contínua às mudanças do ambiente externo e, também é necessário criar grupos de inteligência organizacional, pautados pela exploração de oportunidades externas e de melhoria interna.

Farahmand (2012) ressalta que as organizações de alto desempenho, orientadas para o mercado, adaptam técnicas de renovação, especificamente endereçadas aos produtos, como preços mais baixos, promoção, imitação de atos e produtos dos concorrentes entre outras ações, concluindo que a renovação competitiva é uma resposta às oportunidades, lembrando que a capacitação organizacional resultou na rápida difusão de práticas de alto desempenho e a resposta da organização pode afetar os níveis de motivação dos funcionários de diversas maneiras.

Outro aspecto frisado na obra de Farahmand (2012, p. 22) é que as organizações "enfrentam ambientes caracterizados por um crescente dinamismo e competição só podem alcançar um ajuste sustentável por meio do desenvolvimento de uma organização flexível." Assim, uma organização flexível, com uma forte estrutura de P&D, com profissionais qualificados, combinada com sistemas de inteligência que possam capturar as mudanças e internalizá-las em processos de inovação, tende a reunir as capacidades necessárias ao enfrentamento das mudanças.

Aliás, o monitoramento do ambiente externo é vital para organizações de qualquer porte. Ao estudar a sobrevivência das empresas de base tecnológica pós-incubadas, Tumelero, Santos e Kuniyoshi (2012, p. 32) apuraram, que "as empresas que sobrevivem, então, são aquelas cujos empreendedores são mais capazes e detêm melhores informações acerca do mercado e do produto no momento do nascimento da empresa". E segundo os autores,

> *Empresas recém-criadas, na maioria das vezes, estão envolvidas com processos de experimentação e aprendizado, em que tudo está sendo testado. Nessa fase de experimentação, a empresa empreende um processo de tentativa e erro para testar a viabilidade de seu modelo de negócio, incluindo gestão e operação. Portanto, a preparação prévia do empreendedor com conhecimentos gerenciais e técnicos é importante para capacitá-lo a determinar quais recursos devem ser mobilizados e usados (TUMELERO, SANTOS e KUNIYOSHI, 2012, p. 32).*

Enquanto as empresas de base tecnológica, de grande porte, sofrem um recrudescimento da complexidade das suas estruturas em face do crescimento de mercado e da competição, como os casos citados neste capítulo, as empresas tecnológicas, pós-graduadas, de pequeno porte sofrem para sobreviverem aos estágios seguintes de desenvolvimento. Segundo informam Tumelero, Santos e Kuniyoshi (2012), "entre 40% e 60% continuam atualmente em operação e o restante teria passado por processos de fusão ou aquisição ou teria sido descontinuado". Assim, muitas não chegam à segunda inovação.

Rogers (2022) considera que, no cenário da tecnologia digital, as empresas precisam inovar de modo diferente, por meio da experimentação rápida e do aprendizado contínuo". Desse modo, ao invés de concentrar atenção em um problema específico para o qual oferecem uma solução, devem usar as etapas de desenvolvimento, teste e aprendizado para oferecer soluções múltiplas. E essa é uma vantagem que as *startups* tecnológicas e as empresas de grande porte devem praticar para vencer em ambientes expostos às mudanças imprevisíveis.

8.1 PESQUISA DE INOVAÇÃO TECNOLÓGICA – PINTEC

A Pesquisa de Inovação Tecnológica – Pintec – é realizada pelo Instituto Brasileiro de Geografia e Estatística, a cada três anos. A sua metodologia segue a orientação do Manual de Oslo, e tem objetivo coletar as informações necessárias para a construção de indicadores setoriais, nacionais e regionais das atividades de inovação das empresas brasileiras.

Na edição de 2017, o foco dado à pesquisa foi a sustentabilidade e, para tanto, a inovação ambiental nas empresas. O IBGE (2017, s/p.) explica que

> *A sustentabilidade está relacionada ao conceito de desenvolvimento sustentável, o qual define o desenvolvimento como aquele capaz de suprir as necessidades da geração atual, sem comprometer a capacidade de atender às necessidades das gerações futuras. Nesse sentido, o desenvolvimento sustentável está baseado no planejamento de longo prazo e no reconhecimento de que os recursos naturais são finitos. As empresas são progressivamente encorajadas a transformar seus procedimentos, produtos e processos no sentido de melhorar sua produtividade e desempenho ambiental por meio de atividades e ações compatíveis com o desenvolvimento sustentável. Desse modo, uma inovação ambiental (ecoinovação) se refere à introdução de um novo, ou significativamente aprimorado, produto (bem ou serviço) ou processo, de um novo método de comercialização, ou de um novo método organizacional, nas práticas internas da empresa, da organização das práticas de trabalho, ou das relações para fora da empresa, que geram benefícios ambientais em comparação com alternativas. Os benefícios ambientais podem ser tanto o objetivo principal da inovação quanto o resultado de outros objetivos da inovação*

Considerou-se como objeto de estudo, empresas de pequeno, médio e grande porte, ou seja, que mantenham 10 ou mais pessoas ocupadas, tendo como universo de pesquisa as atividades das Indústrias extrativas e de transformação, além dos setores de Eletricidade e gás e Serviços selecionados (IBGE, 2020).

Desse modo, a pesquisa sobre inovação tecnológica no Brasil acompanha uma tendência mundial, e crescente, de busca de soluções ambientalmente responsáveis e preservacionistas, fornecendo importantes informações sobre a aplicação da inovação em empresas brasileiras.

E é importante que seja dito que a inovação ambiental representa uma evolução no comportamento dos empreendedores inovadores, pois sinaliza uma sofisticação na forma de examinar a exploração de oportunidades de mercado, com responsabilidade socioambiental.

Na linha de corte, consideram-se como empresas inovadoras as que no período anterior à coleta de dados, ou seja, entre 2015 e 2017, tenham dado início à implementação algum tipo de inovação. Organizada em três partes, a primeira referiu-se às inovações sustentáveis implementadas, como, por exemplo:

> [...] substituição (total ou parcial) de matérias-primas por outras menos contaminantes ou perigosas; substituição (total ou parcial) de energia proveniente de combustíveis fósseis por fontes de energia renováveis; redução da contaminação do solo, da água, de ruído ou do ar; reciclagem de resíduos, águas residuais ou materiais para venda e/ou reutilização; e redução da 'pegada' de CO_2 (produção total de CO_2) pela empresa. Tais efeitos podem ter sido resultados de ações diretas com esses objetivos, ou afortunadas consequências da introdução de inovações para outros fins (IBGE, 2020, s/p.)

Na segunda parte a coleta de dados visou identificar os principais motivos de a empresa implementar inovações sustentáveis, que poderiam ser, por exemplo:

> Normas ambientais existentes ou impostos incidentes sobre a contaminação; normas ambientais ou impostos que possam vir a ser introduzidos no futuro; disponibilidade de apoio governamental, subsídios ou outros incentivos para a inovação ambiental; demanda (real ou potencial) do mercado por inovação ambiental; melhora da reputação da empresa; ações voluntárias; códigos de boas práticas ambientais no seu setor de atuação; elevados custos de energia, água ou matérias-primas; e atendimento dos requisitos necessários para consolidação de contratos públicos (IBGE, 2020, s/p.)

Na terceira parte, a coleta de dados buscou identificar se "a empresa publica, anualmente, relatórios de sustentabilidade e se, no período de referência da pesquisa, produziu algum tipo de energia renovável" (IBGE, 2020, s/p.), lembrando que as empresas de capital aberto costumam adotar práticas de transparência e atender as normas da Comissão de Valores Mobiliários e da Bolsa de Valores, sendo que esses relatórios, neste caso, são obrigatórios. Sobre os impactos visados pela inovação ambiental, os setores investigados resultaram nas taxas descritas no Quadro 33.

Quadro 33 – Impactos causados pela inovação ambiental

Impactos causados pelas inovações	Serviços selecionados	Eletricidade e gás	Indústria	Total
Redução da Pegada de CO2	20,8	44,7	33,8	33,1
Reciclagem de resíduos, águas ou materiais residuais	18,7	29,3	60,6	57,9
Redução de contaminação do solo, da água, de ruído ou do ar	24,2	42,4	53,1	51,3
Substituição de energia de combustíveis fósseis por energia renovável	16,4	71,3	17,0	17,2
Substituição de matéria-prima por outras menos contaminadas	21,3	24,1	38,9	37,7

Fonte: Adaptado de IBGE/ Pintec (2017).

No Quadro 33 há mais de um impacto por inovação. Mesmo assim, a diferença entre os valores apresentados indicam algum grau de concentração dos esforços ou das prioridades a serem atendidas pela inovação ambiental.

O setor de Eletricidade e Gás vem experimentando a pressão por soluções inovadoras na redução de impactos da atividade para o ambiente natural. Os resultados da pesquisa indicaram que "ainda que a maior parte das empresas tenha a energia proveniente de fonte hidrelétrica como principal, outras fontes de energia têm ganhado espaço, entre elas a solar, a eólica, a térmica e a biomassa" (IBGE PINTEC, 2017, s/p.). Em decorrência do posicionamento do setor, a taxa de inovação ambiental é considerada alta (71,3) nas ações relacionadas à substituição da fonte de energia de fóssil para renovável como principal impacto ambiental resultante da introdução das inovações.

O setor industrial vem concentrando ações para reduzir o impacto dos resíduos sólidos dos seus processos, desde que foi promulgada a Política Nacional de Resíduos Sólidos. Somado à PNRS, as pressões de investidores e consumidores por produção sustentável, segundo a lógica do modelo de gestão baseado no ESG, tem estimulado a inovação sustentável.

Contudo, a PINTEC, 2017 (IBGE, 2020), que cobre a inovação em empresas com mais de 10 empregados, no triênio 2015 a 2017, identificou que as taxas de inovação, naquele período mostraram decréscimo, em relação aos triênios anteriores pesquisados, ainda que o foco de cada pesquisa tenha sido endereçado a diferentes questões, a adequação às normas preservacionistas estiveram presentes como motivação da inovação nos períodos anteriores.

Como resultado geral, em 2008, a taxa de inovação referente ao período de 2006-2008, foi de 38,6%. O triênio findo em 2011 registrou taxa de 35,7%. O triênio em 2012 e 2014 apontou taxa de inovação de 36%, com uma discreta evolução em relação ao período anterior. Mas o último triênio pesquisado, de 2015 a 2017, a queda maior foi apontada, alcançando a taxa de inovação de 33,6%, cinco pontos percentuais abaixo do triênio completado em 2008.

Silveira, Santos e Leão (2022) destacaram que o período de 2014 a 2017, que inclui o triênio pesquisado pela PINTEC, o país viveu sob uma severa crise política e econômica que afetou profundamente o comportamento empreendedor, para uma postura de cautela. Segundos os autores, contribuíram para a queda do movimento empreendedor: a forte recessão fundamentada pela queda do crescimento econômico anual; a incerteza política; as finanças do governo que sinalizam instabilidade, sobretudo ao investimento de capital produtivo; escândalos de corrupção que grassaram no país; burocracia e desconfiança nas instituições. Ou seja, para investir em inovação e na ação empreendedora é preciso ter esperança e alguma segurança em assumir riscos.

E será que o tamanho da empresa, em número de empregados, afeta a prática da inovação ambiental?

Como a pesquisa açambarca empresas inovadoras e, em grande medida, as empresas tecnológicas, é de se esperar que a prática da inovação exija algum nível de Gestão e, ao menos, alguma infraestrutura que possa justificar as interações entre parceiros e agentes no setor de atuação.

Assim, não surpreende que as inovações ambientais tenham sido reconhecidas em empresas de grande, ou seja, com 500 ou mais empregados, apontando que "55,9% das empresas inovadoras que atribuíram importância aos impactos decorrentes da introdução de inovações pertencem à faixa com 500 ou mais pessoas ocupadas" (IBGE/ PINTEC 2017, s/p.), tal como exibe a Figura 34.

Figura 34 – Importância da inovação ambiental em empresas inovadoras

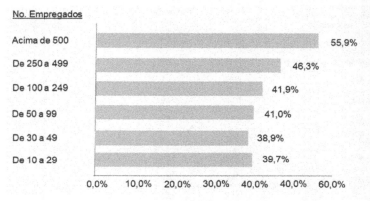

Fonte: Adaptado de IBGE/ Pintec (2017).

O porte da empresa, por questões de infraestrutura e, por extrapolação, de maior divisão de trabalho e de atribuições, parece influenciar positivamente a implementação de inovações ambientais. De qualquer maneira, é interessante notar que as distâncias na percepção de importância das inovações ambientais se aproximam nas faixas de empresas pequenas e médias empresas inovadoras, acima de 10 e até 249 empregados.

A inovação ambiental, por definição, visa reduzir o impacto da operação sobre o meio ambiente, garantindo que a empresa possa compartilhar benefícios atuais e futuros para a sociedade e o meio ambiente. Assim posto, qual teria sido a motivação ou quais teriam sido os fatores decisivos para a implementação de inovações ambientais pelas empresas inovadoras investigadas entre 2015 e 2017? O Quadro 35 oferece a resposta provável a essa pergunta.

Quadro 35 – Fatores decisivos para a implementação de inovação ambiental

Fatores que motivaram a implementação de inovações ambientais	Serviços selecionados	Eletricidade e gás	Indústria	Total
Outros motivos	00,3	00,0	02,7	02,5
Requisitos para contratos públicos	32,9	21,9	21,9	21,8
Custos elevados	45,5	47,2	49,7	49,5
Códigos de Boas Práticas	62,2	32,9	53,9	54,3
Ações voluntárias	50,4	73,7	43,3	43,9
Reputação	40,2	81,7	60,6	59,4
Demanda de mercado	30,7	82,1	37,5	37,2
Apoio governamental	05,0	26,0	11,5	11,2
Normas ambientais futuras	31,5	43,3	41,4	40,8
Normais ambientais vigentes	38,3	70,9	46,6	46,1

Fonte: Adaptado de IBGE/ Pintec (2017)

Dada a média geral, do "total de empresas que implementaram essas inovações, mais da metade assim decidiu tanto para melhorar a reputação da empresa (59,4%) quanto pelos códigos de boas práticas ambientais no seu setor de atuação (54,3%)" (IBGE/PINTEC, 2017, s/p.), sendo esses os principais motivos.

Os fatores econômicos e institucionais foram apontados, na pesquisa, por parcela expressiva de empresas e estão representados por: custos elevados de energia, água ou matérias-primas; a necessidade de atender às normas ambientais existentes como forma de garantir a operacionalidade dos processos, e de reduzir as penalidades pela contaminação do ambiente natural, foram citadas por 49,5% e 46,1%, respectivamente, das empresas pesquisadas.

Outras questões como o acesso aos mecanismos de "apoio governamental, subsídios ou outros incentivos financeiros" para a implementação de inovações ambientais foram citadas por 11,2% das empresas cobertas pela pesquisa (IBGE/ PINTEC, 2017).

Ao analisar os fatores decisivos para a implementação de inovações no período da pesquisa, buscou-se investigar se haveria influência do porte das empresas inovadoras na tomada de decisão de inovações ambientais. Os principais motivos estão apresentados no Quadro 36.

Quadro 36 – Fatores decisivos para a inovação ambiental por número de empregados

Número de empregados	% empresas inovadoras	Fatores decisivos para implementar a inovação ambiental
Acima de 500	56,80%	Ações Voluntárias
	56,40%	Adaptação às normas vigentes
	55,80%	Código de boas práticas
De 250 a 499	57,50%	Adaptação às normas vigentes
	56,50%	Código de boas práticas
	53,40%	Reputação
De 100 a 249	60,70%	Reputação
	54,80%	Código de boas práticas
	53,10%	Ações Voluntárias
De 50 a 99	65,60%	Reputação
	61,40%	Código de boas práticas
	55,30%	Ações Voluntárias
	55,30%	Custos elevados
De 30 a 49	53,60%	Reputação
	51,70%	Código de boas práticas
	44,30%	Adaptação às normas vigentes
De 10 a 29	60,00%	Reputação
	53,30%	Código de boas práticas
	49,50%	Custos elevados

Fonte: Adaptado de IBGE/ Pintec (2017).

Como apontado no Quadro 35, chama a atenção o número de vezes em que as expressões (adoção do) Código de Boas Práticas, que apareceu em todas as faixas de número de empregados, Reputação, que figurou em cinco sextos das faixas. E esses fatores representam um novo olhar sobre a responsabilidade social e econômica das empresas.

A reputação é um fator de atratividade do negócio para captação de investimentos produtivos, inclusive repercutem sobre a imagem da empresa junto aos consumidores e demais *stakeholders*.

Em meados dos anos 90, o uso de mão de obra infantil na Ásia derrubou o valor das ações da gigante dos esportes Nike Inc., repercutindo na imagem da empresa e no seu *modus operandi* desde então.

Como a Nike está lutando contra o uso de mão de obra escrava

Em entrevista ao *Wall Street Journal*, Mark Parker, presidente executivo da Nike, explica o que está fazendo para afugentar a imagem de empresa exploradora.

Em abril de 2013, o prédio de uma fábrica de roupas em Bangladesh desabou, matando 1.100 pessoas de uma só vez, no pior acidente do tipo no país.

Menos de um mês antes, a Nike havia terminado seu contrato com a *Lyric Industries*, que funcionava no país nos mesmos moldes da planta de Rana Plaza: em um prédio antigo, abarrotado de funcionários de diversas empresas, sem as menores condições de segurança e saúde para os funcionários.

A retirada da Nike do país não foi um golpe de sorte. Alguns meses antes, outra fabricante de roupas para marcas estrangeiras pegou fogo, matando 112 funcionários. O episódio levou a companhia a repensar suas atividades no local.

A Nike é uma das companhias que há mais tempo luta contra a imagem de ser uma multinacional conivente com a exploração do trabalho escravo e infantil por parte de seus fornecedores. A fama começou a pegar em 1996, quando a revista Life publicou uma foto em que um menino paquistanês costurava bolas de futebol da marca. Desde então, a empresa tem tomado medidas para reverter esse quadro.

A Nike divulgou ações como trocar a cola à base de petróleo, extremamente prejudicial ao ambiente e aos trabalhadores que lidam com ela, por cola à base de água para os solados dos tênis e aumento na fiscalização de suas plantas no exterior.

Parker afirmou que o modo de fazer negócio da Nike mudou nos últimos 20 anos. "A ignorância não é uma bênção. É preciso entender todos os problemas sistêmicos que podem existir dentro do seu parceiro industrial e resolvê-los", disse.

Pensando nisso, a Nike criou cargos de fiscalização própria em todas as etapas do processo: na fabricação dos produtos, na cadeia de importação de exportação e na pesquisa e no desenvolvimento de produtos. Reduziu as chances dos fornecedores aplicarem horas extras aos funcionários e diminuiu o número de parceiros, para poder fiscalizá-los melhor.

Ainda assim, a organização *Workers Rights Consortium* descobriu que, desde 2006, a Nike trabalhou com pelo menos 16 fornecedores que estavam fora dos padrões de saúde e segurança exigidos. Ainda assim, a decisão de fechar a fábrica em Bangladesh é um começo. Com o fim da fábrica, as margens de lucro da companhia caíram de 46,4% para 43,6% no ano.

Fonte: Exame Negócios, disponível em **https://exame.com/negocios/ como-a-nike-esta-lutando-contra-o-uso-de-mao-de-obra-escrava/.** Acesso em 15 mar. de 2023.

A reputação de uma empresa é um ativo intangível diretamente relacionado à credibilidade da empresa e à sua sustentação econômica. Na nova cultura, em construção, do modelo de gestão pautado no ESG, a reputação é um dos itens de vigilância permanente. Tanto é assim, que o mercado financeiro criou índices para avaliar o desempenho das empresas em relação aos princípios ESG.

Boas práticas socioambientais e de governança podem fazer a diferença no valor de uma empresa, segundo avalia a B3, instituição financeira gestora da bolsa de valores de São Paulo. E essas práticas podem ser monitoradas por indicadores objetivos, que devem ser uma referência na decisão de investir ou não em ações de determinadas empresas.

Há, inclusive, um *ranking,* o Monitor Empresarial de Reputação Corporativa, que, por meio de indexadores, estabelece quais são as 100 empresas de melhor reputação. A empresa, além do *ranking* de reputação, também ranqueia líderes empresariais de primeira linha e as empresas responsáveis, sob a ótica ESG (MERCO, 2023). E os dados estão disponíveis na rede mundial.

A terceira etapa da avaliação da Pintec 2017 foi a publicidade feita por empresas inovadoras que adotam a inovação sustentável por meio de "publicação de relatórios de sustentabilidade e a produção de energia renovável" (IBGE/PINTEC, 2017, s.p.).

E os resultados mostraram coerência: as empresas inovadoras do setor de Eletricidade e Gás são aquelas que mais dão publicidade às ações orientadas para a inovação sustentável com 51,2% de ocorrências. Nas indústrias inovadoras 5,9% publicam relatórios de sustentabilidade e nas empresas de Serviços, 1,6% das empresas inovadoras disponibilizam tais informações.

As empresas que mais publicam são as inovadoras que têm mais de 500 empregados, reforçando a tese da necessidade de estrutura formal para também divulgar as inovações sustentáveis. O mesmo comportamento se verifica na produção de energia de fontes renováveis, com 61,2% das empresas inovadoras do setor de Eletricidade e Gás, ou seja, o mais diretamente implicado.

8.2 A INOVAÇÃO E A COMPETITIVIDADE

Novas tecnologias e novos trazem expectativas de resolução de problemas, novos produtos, serviços e processos, além de mudanças sensíveis na oferta de trabalho. Novos cargos são uma projeção que vem se cumprindo. As últimas décadas do sec. XX, por exemplo, apresentou uma evolução extraordinária no campo da microeletrônica, das comunicações e tecnologias de informação; na área da saúde e do meio ambiente.

Os novos campos de conhecimento abertos na efervescência da recuperação do pós-guerra, anos 50, definiram trajetórias tecnológicas que transbordam para novos negócios, sinalizando uma mudança fundamental na relação de trabalho, consumo e de estilo de vida da sociedade, especialmente dispersas nos grandes centros econômicos, cada vez mais se aproximando do conceito de cidades inteligentes e, quem sabe no futuro, também cidades inteligentes.

Do novo acervo de conhecimentos, destacam-se alguns campos e as novidades que trazem, alguns dos quais descritos a seguir:

- **Biotecnologia:** que se refere ao estudo e produção de qualquer aplicação biotecnológica com o uso de sistemas biológicos, organismos vivos, em qualquer nível

– molecular, celular, morfofisiológico, ecológico, biodiversidade, reprodução e genética – para produzir ou modificar produtos ou processos de usos específicos.

» Por exemplo, o uso de células vivas para a produção e aprimoramento de medicamentos, antibióticos e antígenos, alimentos inteligentes que auxiliam na proteção do organismo, biocombustíveis, entre outros. Um exemplo da aplicação da biotecnologia é o desenvolvimento de bactérias capazes de digerir resíduos industriais.

» A combinação com a entre a Biotecnologia e a Engenharia permitiu avanços significativos no desenvolvimento de próteses ortopédicas.

- **Inteligência Artificial**: o número de aplicações de Inteligência Artificial (IA) vem aumentando gradualmente desde a massificação do uso dos computadores e dos sistemas de informação. E, em algum momento, culminará em profundas mudanças no mercado de trabalho, como a que ocorreu com a automação bancária nos anos 90. Alguns setores, além do financeiro, tem se mostrado atrativos para a implementação de IA.

» A experiência com a COVID-19 revelou o benefício do uso da IA para a telemedicina, especialmente na triagem ambulatorial, reduzindo filas e preservando os usuários dos ambientes de maior incidência de contaminação – ambulatórios e hospitais, além da já praticada cirurgia remota com uso de braços robóticos. As indústrias vêm adotando a robótica em ambientes de manufatura 4.0 e no varejo, a convergência de tecnologias vem delineando uma operação cada vez mais tecnológica, com reposições e controles de estoques automatizados, no antigo conceito de pegue-e-pague, com interferência humana cada vez menor, inclusiva na posição de operadores de caixa.

- **Internet das Coisas (IoT):** Carrion e Quaresma (2019, p. 52-53) explicam que a Internet das Coisas se refere a "uma rede mundial de objetos interligados", sustentados por protocolos de comunicação que fazem com que esses "objetos comuns do cotidiano assumam sinais digitais", permitindo a coleta, armazenagem e troca de dados "para consumidores e empresas por meio de uma aplicação de *software*".

  » Hickson (2021, s.p.) simplifica o entendimento sobre o que é o IoT, da seguinte forma "a proposta da Internet das coisas é conectar itens usados no dia a dia à rede mundial de computadores" E dá como exemplo as geladeiras inteligentes, que, à distância e pelo celular permitem identificar quais alimentos estão disponíveis e quais devem ser comprados.

As consequências diretas dos novos campos de saber é o surgimento de novos negócios e da substituição tecnológica, com repercussão sobre as estruturas de trabalho atuais, incluindo a previsão de Hickson (2021) acerca das profissões atuais. Segundo ela, 47% delas serão extintas nos próximos 10 anos.

Da mesma forma como novas tecnologias mudam o mercado produtor e consumidor, a descoberta de novos materiais críticos podem também promover uma verdadeira revolução na indústria e na competição por preços.

O nióbio promete ser para o setor de eletroeletrônico o que o aço Besserman foi para a indústria de bens duráveis. O Brasil possui entre 94 e 98% das reservas mundiais de nióbio. Entre as aplicações possíveis estão: dispositivos médicos, como o marca-passo, nos ímãs supercondutores usados em ressonância magnética e no acelerador de partículas. Pela aparência de metal brilhante e sua baixa dureza, o nióbio é também usado para a fabricação de joias.

Dada a estabilidade térmica das ligas que integram o nióbio, ele é usado para a produção de ligas de aço especiais de alta resistência para motores, equipamentos de propulsão e vários materiais supercondutores.

Como o nióbio pode protagonizar a corrida pela bateria de carros elétricos

A mineira CBMM, que detém 90% da produção global do insumo, se prepara para entrar na briga por um dos mercados mais promissores da próxima década.

O tão falado – mas pouco conhecido – nióbio poderá se tornar protagonista na corrida por um dos mercados mais promissores da próxima década: o de baterias para carros elétricos. Para isso, a mineira CBMM, que detém 90% da produção global de nióbio, está investindo cifras vultosas para desenvolver baterias que prometem carregar o veículo elétrico em apenas 6 minutos.

Ricardo Lima, vice-presidente da CBMM, afirma que a empresa vem investindo cerca de 50 milhões de reais por ano no negócio de baterias automotivas, com um time de 11 pessoas dedicadas para pesquisa e desenvolvimento na área, das quais 5 têm doutorado em eletroquímica.

Fonte: Exame Negócios. Como o nióbio pode protagonizar a corrida pela bateria de carros elétricos. Disponível em: https://exame.com/negocios/como-o-niobio-pode-protagonizar-a-corrida-pela-bateria--de-carros-eletricos/. Acesso em 15 mar. 2023

O exemplo trazido pelo nióbio caracteriza um momento de grandes oportunidades que se abre quando novos materiais surgem e as áreas de conhecimento possuem os saberes necessários sobre como aplicá-los em benefício da sociedade e das organizações competitivas.

Feldmann *et al.* (2019, p. 195-196) se ocuparam no estudo das relações entre inovação e competição global. Entre os fatores de competitividade identificados no estudo, estão os tradicionais fatores de produção, como mão de obra barata e matéria prima abundante, além da quantidade de capital financeiro disponível para investimento. A capacidade de inovar foi agregada, como o quarto elemento, aos fatores produtivos com a expansão dos mercados e, consequentemente, da otimização dos processos industriais.

Porém, Feldmann *et al.* (2019, p. 196) identificaram que os ganhos de produtividade e aumento na competitividade não seriam relacionados exclusivamente com os esforços de inovação. Assim, outros fatores se somariam "como mudança organizacional, desenvolvimento de pessoal, cooperação e aquisição de máquinas e equipamentos, entre outros". A esse conjunto de fatores estariam relacionados às boas práticas de gestão. E esse seria o quinto fator da competitividade das organizações. Segundo os autores, "a inovação por si só não pode garantir a competitividade em corporações ou nações, mas exige a presença simultânea de boas práticas de gestão".

Algumas postulações sobre as relações entre a inovação e a competitividade foram identificadas na literatura e descritas no estudo de Feldmann *et al.* (2019).

- O desenvolvimento de habilidades organizacionais ajudam as corporações no enfrentamento dos desafios impostos por cenários de mercado cada vez mais turbulentos, permitindo a elas que atuem como agentes para a transferência e difusão de inovações e novas tecnologias.

- Desenvolvimento da capacidade de absorção, que diz respeito à forma de como as organizações capturam conhecimento externo e o inserem nos seus processos, "transformando sua estrutura e, assim, obtendo produtos inovadores como insumos, com resultados que aumentam sua competitividade global" (FELDMANN *et al.* – 2019, p. 197).
- O papel do investimento em P&D para a difusão das inovações.
- A relevância da transferência tecnológica feita entre as multinacionais estrangeiras e suas subsidiárias locais, com implicações no aumento da produtividade e na competitividade entre empresas e nações.
- A inovação é fundamental para a competitividade das organizações, permitindo-lhes o desenvolvimento e a proteção da sua participação no mercado contra a concorrência. Porém, essa condição competitiva é também resultante da combinação de outros elementos como a prática da Gestão do Conhecimento, a formação de capital intelectual interno, a cultura organizacional orientada para inovação, e o aprimoramento contínuo das capacidades organizacionais.

Um estudo feito pelo Banco Mundial, em parceria com a Confederação Nacional da Indústria (CNI), apresentado em 2008, concluiu que as "empresas brasileiras investem tempo e recursos significativos no treinamento de seus funcionários, contudo, na maioria dos casos, essa iniciativa se concentra em suprir a falta de habilidades básicas" e essas habilidades deveriam ser supridas pelo "sistema educacional e não durante a introdução de inovações para aumentar a produtividade no chão de fábrica" (BANCO MUNDIAL, 2008, p. 35). Porém, como assinala o estudo,

> *Uma notável exceção são as cadeias de produção desenvolvidas pelas pequenas e médias empresas que atuam como fornecedoras para grandes firmas inovadoras como a Embraer, Petrobras, Gerdau, Ford e outras. Com frequência, essas firmas menores aumentam a sua produtividade utilizando tecnologias adaptadas das companhias inovadoras de maior porte. Casos como esses tendem a ocorrer em agrupamentos geográficos específicos. A qualificação dos recursos humanos locais – tanto a básica quanto a avançada – é essencial para esses processos, como demonstra a experiência da Embraer (BANCO MUNDIAL, 2008, p. 36).*

O estudo do Banco Mundial (2008) reafirma a posição incipiente da competição por inovação no país que, mesmo após mais de uma década, segue sem avanços. Pelo contrário, as contínuas crises políticas, sociais e econômicas têm sacrificado a competitividade nacional e, com raras exceções, a disposição dos empresários em investir em inovação e em novos negócios.

Dentre as exceções estão as empresas de base tecnológica, além das mencionadas na citação, e as regiões que vêm prosperando em setores intensivos em conhecimento. Segundo dados da pesquisa desenvolvida, na edição de 2022, pela Escola Nacional de Administração Pública, e criada pelo Instituto Endeavor, com a finalidade de apurar o Índice das Cidades mais Empreendedoras – ICE (ENAP, 2022).

As cidades ranqueadas estão descritas no Quadro 37.

Quadro 37 – Classificação das Cidades mais Empreendedoras do Brasil

Classificação geral - Índice de Cidades Empreendedoras (ICE)		
Posição	2020	2021
1º	São Paulo/SP	São Paulo/SP
2º	Florianópolis/SC	Florianópolis/SC
3º	Osasco/SP	Curitiba/PR
4º	Vitória/ES	Vitória/ES
5º	Brasília/DF	Belo Horizonte/MG
6º	São José dos Campos/SP	Porto Alegre/RS
7º	São Bernardo do Campo/SP	São José dos Campos/SP
8º	Jundiaí/SP	Osasco/SP
9º	Porto Alegre/RS	Joinville/SC
10º	Rio de Janeiro/RJ	Cuiabá/MT

Fonte: Escola Nacional de Administração Pública (ENAP, 2022).

A classificação leva em conta sete fatores determinantes para o sucesso do empreendedorismo: ambiente regulatório; infraestrutura; mercado; capital financeiro; inovação; capital humano; e cultura empreendedora, ressaltando que esses fatores são desenvolvidos no município, combinando ações do poder público local, a força da formação tecnológica das instituições de ensino ali presentes e da disposição dos empreendedores para assumir riscos.

Os pilares pelos quais o empreendedorismo inovador pode ser portador de futuro são fortemente calcados nas infraestruturas locais de ensino e pesquisa, como provedoras de mão de obra de qualidade e de atividade científica, sem a qual o desenvolvimento tecnológico mantém-se exógeno. E tende a alongar o que poderia se tornar uma trajetória tecnológica valiosa e modernizadora, transferindo para as empresas locais, a responsabilidade sobre os efeitos de progresso técnico e tecnológico, pela modalidade de aquisição de tecnologia, o que, por sua vez, demanda disponibilidade de capital financeiro.

Pesquisadores contemporâneos (SOLOW, 1956; ROMER, 1987, FREEMAN E SOETE, 1997; MALECKI, 1997), ao incluir no debate os sistemas de aprendizagem, o conhecimento e a inovação industrial e mudança tecnológica como fatores essenciais ao crescimento econômico somados à discussão acerca da inovação localizada, contribuíram para o reconhecimento de que a capacidade de inovação é o novo paradigma da competição dos países e das suas empresas. E reconhecidamente, os países da América Latina, dentre eles o Brasil, têm baixa atividade industrial em setores de alta tecnologia e baixo investimento em Pesquisa e Desenvolvimento (FELDMANN, 2009).

Assim, é nutrido o círculo vicioso de dependência tecnológica em setores de grande importância ao desenvolvimento nacional, fato constatado durante a pandemia do COVID-19, em 2021, para citar um exemplo. A essa ausência de capacidade sistemática de inovar, dá-se o nome de hiato tecnológico.

8.3 CONHECIMENTO, HIATO E *CATCH UP* TECNOLÓGICO

O hiato tecnológico pode ser compreendido como sendo a distância do domínio tecnológico entre um produtor – país ou indústrias – e seus competidores. Ou seja, o hiato tecnológico refere-se ao atraso na formação de capacidades inovativas que permitam estabelecer vantagens comparativas do inovador em relação aos seus concorrentes, fragilizando manutenção de posição competitiva ou a obtenção de ganhos de competitividade pela insuficiência de inovações que conduzam às mudanças técnicas relevantes no processo produtivo ou no produto (MELO; FUCIJDI; POSSAS, 2015).

Embora a literatura trate o hiato tecnológico como um atributo resultante da falta de uma política industrial pautada pela inovação e voltada ao desenvolvimento econômico por meio da produção e exportação de produtos com alto conteúdo tecnológico, é fato que esse hiato repercute sobre a capacidade competitiva nacional e, ao longo do tempo, revela-se como um destino condenatório no futuro da indústria nacional.

Resumidamente, o hiato tecnológico foi identificado no país nos anos 90, em relação à indústria automobilística, forçada a promover mudanças rápidas quando da abertura do mercado. E embora a indústria tenha se revelado capaz de implementar inovações importantes, transferindo-as pela cadeia produtiva, como descrito por Santos e Paganotti (2019), a sua resposta foi reativa à pressão da chegada dos carros estrangeiros e das empresas automobilísticas multinacionais que acabaram se instalando no país, ao longo do tempo.

A organização WIPO (2022), responsável pela apuração e reporte do *Global Innovation Index,* identificou o Chile (50ª posição), o Brasil (54ª) e o México (58ª) como as três mais relevantes nações da América Latina e Caribe, no plano da inovação, no ano de 2022, sendo que o Brasil entrou no *top three,* pela primeira vez. Entre 132 nações examinadas, o Brasil aparece na 54ª posição, com *score* de 32,5 pontos, contra o primeiro colocado, a Suíça, que alcançou 64,6 pontos.

E ainda que distante dos principais países que dominam a inovação, o Brasil vem melhorando sua posição desde 2019.

Em 2022, o Brasil faz melhorias marcantes nos resultados de inovação, "notadamente em negócios criativos, relacionados aos ativos intangíveis e criatividade *online*, bem como nos indicadores de marcas registradas (19ª) e criação de aplicativos móveis (34ª)" (WIPO, 2022, p. 46). Sua pior posição, ou 101ª, está nas Instituições (confiança).

O pilar de análise denominado Instituições é formado por indicadores relacionados à:

I. **Ambiente Político**, *i.e.*, estabilidade política e operacional, efetividade das ações do Governo;

II. **Ambiente Regulatório**, formado pela qualidade dos regulamentos, regras legais, elevados custos de demissão;

III. **Ambiente de Negócios**, composto por políticas de estímulo a abertura de negócios; políticas relacionadas ao empreendedorismo e a cultura. Destes indicadores, o pior avaliado é o ambiente de negócios com a 121ª posição entre 132 países.

Segundo o mesmo relatório, o Brasil alcançou médio-alto desempenho em inovação, o que representa o segundo nível de desempenho, imediatamente atrás dos países avaliados como altamente inovadores. No mesmo grupo do Brasil, estão: a China, Bulgária, Tailândia, República da Moldova, África do Sul, Peru, Jamaica e Jordânia. Deste grupo, a China se destaca como o país que alcançou a mesma quantidade de aglomerações em Ciência e Tecnologia que os Estados Unidos.

No Brasil, que detém uma aglomeração de Ciência e Tecnologia reconhecida, o destaque do relatório vai para São Paulo, o único ranqueado no Top 100 *Cluster* em Ciência e

Tecnologia da América Latina. Estendendo o estudo para além dos Top 100, as cidades do Rio de Janeiro e Porto Alegre foram adicionadas ao grupo das 123 aglomerações relevantes em Ciência e Tecnologia.

O Brasil também se destacou na relação positiva entre inovação e desenvolvimento, atrás de países como a Índia, a Indonésia e Paquistão, superando as expectativas.

O *Global Innovation Index* 2022 (WIPO, 2022) ressaltou o papel das *startups* financeiras latino-americanas que lideraram o *ranking* da atratividade do capital de risco. 25,47% do capital de risco do mundo foi destinado aos dez mais valorizados novos negócios da região. Dentre eles: o Nubank, que agora tem mais clientes do que qualquer outro banco digital autônomo do mundo, a Kavak que é a primeira empresa unicórnio do México, e que fornece soluções digitais para a compra de carros usados; e a brasileira Quinto Andar que, via plataforma *online* viabiliza operações de aluguel de imóveis, sem a intermediação de corretores e com venda de seguro próprio.

Em 132 países, o Brasil está em 101º lugar em (confiança) nas Instituições, que a sua pior posição. A melhor posição do país dentre os principais pilares de análise está no quesito Negócios Sofisticados, 35ª. Neste quesito considera-se a quantidade de trabalhadores do conhecimento, ou seja, profissionais qualificados em áreas intensivas em conhecimento; interações para a inovação, que reflete a habilidade para formar alianças em P&D; absorção de conhecimento, que se refere à capacidade dos indivíduos em absorver novos conhecimentos.

A soma dos resultados revela que o país, e suas empresas, vêm evoluindo na formação de capacidades de operar em negócios cada vez mais intensivos em conhecimento. Porém, é necessário observar que a coleta de dados abrange o período mais crítico da pandemia, o que pode ter influenciado os resultados, sobretudo, em relação aos investimentos em inovação em setores não relacionados à Saúde e às tecnologias assistivas, cujas *startups* apresentaram crescimento acima da média.

Segundo identificou Aihara (2023), ao pesquisar as *healthtechs, startups* relacionadas ao setor da Saúde, havia 645 firmas iniciantes até o final de 2020. Um ano depois, o número de *healthtechs* no país somava 973 empreendimentos.

Fenômeno parecido, porém, mais discreto, foi observado em relação às empresas iniciantes em setores de alta tecnologia e de aceleradoras de negócios. Assim, é possível esperar que tantos as empresas quanto o país esteja reduzindo a distância no nível de domínio tecnológico entre as nações, num esforço denominado "*catch up* tecnológico".

Melo, Fucijdi e Possas, (2015, p. 17-18) avaliam que "os países atualmente considerados desenvolvidos utilizaram políticas deliberadas para acumular capacitações tecnológicas, de forma a alcançar as tecnologias de produção e *design* dos produtos da fronteira". Porém, destacam que em economias em desenvolvimento o processo de *catch up* tecnológico envolve, "além de depender de atividades de alto valor adicionado desenvolvidas por produtores locais" e a sua inserção nas cadeias globais, permitem explorar "oportunidades de aprendizado, acumulação e *spillovers* de conhecimento capazes de aproximar estas economias da fronteira tecnológica", ressaltam os autores.

O *catch up* tecnológico representa o esforço para inserir a produção nacional dentro das fronteiras tecnológicas e impõe um processo que integra políticas governamentais orientadas para a produção de conhecimentos de ponta, para a inovação e para a produção de bens e serviços com alto conteúdo tecnológico. A superação do hiato tecnológico em áreas estratégicas, e em tecnologias portadoras de futuro, pode melhorar e muito os indicadores de capacidade dos empresários em atuarem em negócios sofisticados e de ingressarem em cadeias produtivas que já atuam nos limites das fronteiras tecnológicas.

Assim, é necessário fazer os interesses convergirem para os setores de alta tecnologia, revolucionando a pauta exportadora nacional, à exemplo dos países de industrialização recente. Para tanto, é preciso mobilizar agentes, em especial governo, universidades e centros de pesquisa e indústrias, no padrão dos modelos interativos apresentados nesta obra.

9 CONSIDERAÇÕES FINAIS

A inovação é um dos elementos essenciais na transição dos modelos econômico-industriais tradicionais para os modelos evolucionários. A literatura assegura esse papel à inovação e destaca o papel dos empreendedores como essencial para promover a mudança. A inovação é fonte de prosperidade e se fundamenta no conhecimento, ou seja, amplamente apoiada no capital humano.

Em linhas gerais, pode-se afirmar que no âmbito da inovação, "não há almoço grátis", ainda que possam ser observadas concentrações econômicas não planejadas, fruto de mobilização local de industriais e suas cadeias produtivas, no que concerne às concentrações tecnológicas e inovativas, há que haver um processo estruturado que garanta a inserção das empresas no contexto desses ambientes de inovação.

Os estudos de economias industriais recentes, caso da China, Coreia do Sul, e mais recentemente, a Índia, vêm confirmando que a mudança evolucionária nos padrões da economia ocorre de forma intencional, planejada e alicerçada na educação, sobretudo no campo das Ciências Naturais e das Engenharias e da Linguística, como estratégia de aproximação de estudantes talentosos das instituições de ensino internacionais.

Não há como falar de inovação e de formação de capital humano sem mencionar a emergência de políticas públicas que possam promover melhorias substanciais no processo educacional brasileiro, desde a formação primária e retomar o processo de formação técnica e tecnológica de qualidade, que correspondem ao arcabouço da geração de capital humano.

É fato que as empresas, a despeito dos esforços para melhoria da educação pública, devem manter investimentos regulares na formação das capacidades absortivas dos seus profissionais e estabelecer um modelo de gestão do conhecimento e da inovação que favoreça a criatividade e a participação, de modo a configurar a cultura organizacional como uma cultura inovadora, tolerante ao chamado erro honesto, orientada para prover solução e não punição. E extrair do erro a lição aprendida, necessária para que sua incidência seja minimizada.

Outra perspectiva para as organizações que anseiam pela transformação do *modus operandi* tradicional em uma cultura inovativa e evolucionária, além da escolha da estratégia inovadora, é a preparação dos seus quadros para a convivência multigeracional produtiva e a convivência com a diversidade cultural e humana. Diferentes olhares sobre a situação problema podem produzir um resultado melhor e mais adaptado aos novos padrões da sociedade, inclusive, relacionado ao consumo de produtos ambiental e socialmente responsáveis, tanto do ponto de vista da Gestão da Inovação quanto da Gestão do Conhecimento.

Para a efetividade da Gestão da Inovação e do Conhecimento é importante adotar processos efetivos e tecnologias multimeios que cooperem com a geração de acervos de conhecimento; definir as fontes de informações que ofereçam múltiplas perspectivas sobre produtos, processos e serviços relacionados ao objeto de estudo da inovação; compartilhar as informações com grupos que atuem com a inovação ou o desenvolvimento tecnológico dos produtos, processos e serviços; e criar fóruns de debates, com grupos de trabalho e de mentoria.

E essencialmente, estar atento às oportunidades de acesso às fontes de fomento para a inovação, seja pela proximidade com os agentes econômicos, seja pelo aproveitamento dos benefícios legais. E, se a dificuldade para inovar estiver relacionada à falta de capital financeiro e de infraestrutura convém citar o recurso da inovação aberta ou do P&D compartilhado, já nos ambientes de inovação mencionados, seja com a cadeia produtiva e, mesmo concorrentes, na modalidade de acordo de cooperação ou de transferência tecnológica.

REFERÊNCIAS

ADNER, R. Match your innovation strategy to your innovation ecosystem. **Harvard Business Review**, v. 84, n. 4, p. 98-107, 2006.

AIHARA, C. H. Gestão do conhecimento aplicada às startups de saúde (*healthtechs*) para a análise de aspectos regulatórios. Tese (Doutorado) – Programa de Pós-Graduação em Informática e Gestão do Conhecimento da Universidade Nove de Julho – UNINOVE, São Paulo, 2023.

ALBRECHT, K. Um modelo de inteligência organizacional. **HSM Management**. Barueri – SP, v. 3, n. 44, p. 30-34, mai-jun. 2004.

AMATO NETO, J. **Gestão de sistemas locais de produção e inovação (*clusters*/ APLs):** um modelo de referência. São Paulo: Atlas, 2009.

ANGELONI, M. T. **Organizações do conhecimento: infraestrutura, pessoas e tecnologias.** São Paulo: Saraiva, 2002.

ANPEI. Associação Nacional de Pesquisa e Desenvolvimento das Empresas Inovadoras. Mapas da Inovação. Publicações. 2015. Disponível em: https://anpei.org.br/mapas-da-inovacao/ Acesso em 17 de jan. 2023.

ANPEI. Associação Nacional de Pesquisa e Desenvolvimento das Empresas Inovadoras. O que são ecossistemas de inovação e qual sua importância. Ed. 30 jul. 2019. Disponível em: https://anpei.org. br/o-que-sao-ecossistemas-de-inovacao-e-qual-sua-importancia/ Acesso em 16 de fev. 2023.

ARBIX, G.; SALERNO, M. S.; AMARAL, G.; LINS, L. M.; Avanços, equívocos e instabilidade das políticas de inovação no Brasil. **Novos Estudos CEBRAP,** v. 36, n. 3, p. 9-27, nov. 2017. DOI: http://dx.doi.org/10.25091/S0101-3300201700030002.

ARBIX. G. Estratégias de inovação para o desenvolvimento. Tempo Social: **Revista de Sociologia da USP**, v. 22, n. 2, p. 167-185. 2010. Disponível em: https://www.scielo.br/j/ts/a/JGc3cGT8dZr3KLBNLmg9wKz/?format=pdf&lang=pt Acesso em 29 de jan. 2023.

ASSOGBA, Y. Innovation sociale et communauté: une relecture à partir des sociologues classiques. Série Recherches. Québec: Alliance de recherche université-communauté, 2007. Disponível em: https://depot.erudit.org//id/001810dd. Acesso em 16 de mar. 2023.

BANCO MUNDIAL. Conhecimento e inovação para a competitividade / Banco Mundial. tradução, Confederação Nacional da Indústria. Brasília: CNI, 2008. Disponível em: https://static.portaldaindustria.com.br/media/filer_public/c4/69/c469cee7-90a0-405b-8608-d53be88e828e/20120828050712999331e.pdf. Acesso em 16 de mar. 2023.

BARGE-GIL, A. Open, semi-open and closed innovators: Towards an explanation of degree of openness. **Industry and Innovation**, v. 17, n. 6, p. 557-607, 2010.

BARROS, J. N.; SANTOS, I. C.; PEREIRA, R. S. Fundo Constitucional do Norte como mediador do desenvolvimento regional: o caso da mesorregião de Belém do Pará. **Revista da FAE**, v. 15, n. 2, p. 104-125, jul./dez. 2012.

BAUMAN, Z. **Modernidade Líquida**. Rio de Janeiro: Zahar, 2021.

BENEVIDES, G.; SANTOS JÚNIOR, D.; BRESCIANI, L. P. Analysis of the Formation Process of Milieu Innovateur of Sorocaba Region. I SINGEP, São Paulo, SP, Brazil. Dec. 6-7, 2012.

BESSANT, J.; TIDD, J. **Inovação e empreendedorismo**. Porto Alegre: Bookman, 2009.

BNDES. Banco Nacional de Desenvolvimento Econômico e Social. Quem Somos. Disponível em: https://www.bndes.gov.br/wps/portal/site/home/quem-somos. Acesso em 23 de jan. 2023.

BOGERS, M. The open innovation paradox: knowledge sharing and protection in R&D collaborations". **European Journal of Innovation Management**, v. 14 (Is.:1), p. 93-117, 2011. DOI http://dx.doi.org/10.1108/14601061111104715.

REFERÊNCIAS

BRESSER-PEREIRA, L. C. O conceito histórico de desenvolvimento econômico. Material de aula. Curso de desenvolvimento econômico. Escola de Administração de Empresas. Fundação Getúlio Vargas, São Paulo. Ed. 2 de mar. 2006. Disponível em: http://www.bresserpereira.org.br/papers/2006/06.7-ConceitoHistoricoDesenvolvimento.pdf. Acesso em 19 de nov. 2006.

BRESSER-PEREIRA, L. C. Tendência declinante da taxa de lucro e progresso técnico. **Brazilian Journal of Political Economy**, v. 6, n. 4, 1986, p. 22-49. Disponível em: https://centrodeeconomiapolitica. org/repojs/index.php/journal/article/view/1818. Acesso em: 19 de nov. 2022.

CÂNDIDO, R. M. Ensino tecnológico e a intenção empreendedora: uma análise do Programa Fatec Sebrae. Dissertação (Mestrado). Programa de Pós-Graduação *Stricto Sensu* em Administração. Universidade Municipal de São Caetano do Sul, São Paulo, 2020.

CAPES. Coordenação de Aperfeiçoamento de Pessoal de Nível Superior. Sobre a CAPES. Ed. 19 set. 2020. Disponível em: https:// www.gov.br/capes/pt-br/acesso-a-informacao/perguntas-frequentes/sobre-a-cap. Acesso em 21 de jan. 2023.

CARAYANNIS, E. G.; BARTH, T. D.; CAMPBELL, D. F. The quintuple helix innovation model: global warming as a challenge and driver for innovation. **Journal of Innovation and Entrepreneurship**, v. 1, n. 2, p. 1-12. 2012. https://doi.org/10.1186/2192-5372-1-2.

CARAYANNIS, E. G.; CAMPBELL, D. F. (2009). Mode 3 and quadruple helix: toward a 21st century innovation ecosystem. **International Journal of Technology Management,** v. 46, n. 3-4, p. 201-234, 2009. DOI: http://dx.doi.org/10.1504/IJTM.2009.023374 156.

CARRION, P.; QUARESMA, M. Internet das Coisas (IoT): Definições e aplicabilidade aos usuários finais. **Human Factors in Design**, Florianópolis, v. 8, n. 15, p. 049-066, 2019. DOI: 10.5965/2316796308152019049. Disponível em: https://www.revistas.udesc.br/index.php/hfd/article/view/231679630815201904. Acesso em: 15 de mar. 2023.

CHAI, K.-H. Knowledge sharing and reuse international manufacturing networks: an exploratory study. Institute for Manufacturing Engineering, University of Cambridge. Sep. 2000.

CHESBROUGH, H. Open innovation: the new imperative for creating and profiting from technology. Boston (MA): Harvard Business Press, 2003.

CHESBROUGH, H.; BOGERS, M. Explicating open innovation: Clarifying an emerging paradigm for understanding innovation. *In* H. Chesbrough, W. Vanhaverbeke, & J. West (Eds.), **New Frontiers in Open Innovation**: pp. 3-28. Oxford: Oxford University Press. 2014.

CNI. CONFEDERAÇÃO NACIONAL DA INDÚSTRIA. Inovar é desenvolver a indústria do futuro: 30 casos de inovação em pequenas, médias e grandes empresas. CNI, SESI, SENAI, SEBRAE. Brasília: CNI, 2019. Disponível em: https://static.portaldaindustria. com.br/media/filer_public/95/ab/95ab45b4-4668-4399-bf85-2517607d4997/30_casos_de_inovacao_web_1.pdf. Acesso em 17 de mar. 2023.

COHEN, W. M., LEVINTHAL, D. A. Innovation and learning: the two faces of R&D. **The Economic Journal**, v. 99, p. 569-596. Sept. 1989.

Companies Market Cap. Global Ranking. Disponível em https:// companiesmarketcap.com/raytheon-technologies/marketcap/. Acesso em 25 de jan. 2023.

CONFAP. Conselho Nacional das Fundações Estaduais de Amparo à Pesquisa. Apresentação. Disponível em: https://confap.org.br/pt/ confap. Acesso em 26 jan. 2023.

CONSIGLIO, K. 10 segredos sobre o desenho mais famoso de Leonardo da Vinci. Ed. 25/06/2021. Disponível em: https://istoe. com.br/10-segredos-sobre-o-desenho-mais-famoso-de-leonardo-da-vinci/. Acesso em 13 de fev. 2023.

COSTA, A. R. Gestão do conhecimento e cultura organizacional: estudo de caso sobre a Natura Cosméticos S.A. **Administração de Empresas em Revista**, v. 1, n. 5, p. 191-200, 2010. Disponível em http://revista.unicuritiba.edu.br/index.php/admrevista/article/ view/59/36. Acesso em 23 de fev. 2023.

COSTA, O. B. R. Sobre as causas evolutivas da cognição humana. Dissertação (Mestrado) – Universidade Estadual Paulista, Faculdade de Filosofia e Ciências, 2009. Disponível em: http://hdl.handle.net/11449/91754. Acesso em 30 de mar. 2023.

DAVENPORT, T. H. **Capital humano. O que é e por que as pessoas investem nele**. São Paulo: Nobel, 2001.

DAVENPORT, T. H., PRUSAK, L. **Conhecimento empresarial**: como as organizações gerenciam seu capital intelectual, métodos e aplicações práticas. Rio de Janeiro: Campus, 1998.

DOSI, G. **Mudança técnica e a transformação industrial: a teoria e uma aplicação à indústria de semicondutores**. Série Clássicos da Inovação. Campinas (SP): Unicamp, 2006.

DRUCKER, P. F. Árvores não crescem até o céu. **HSM Management**, v. 54, Ed. Especial, jan.-fev., 2006.

DRUCKER, P. F. **Innovation, and entrepreneurship.** Palatine (IL, USA): Harper Business, 2005.

ECYCLE. Pesquisa obtém água com "coletor de névoa" no deserto chileno do Atacama. Ed. 12 mai. 2016. Disponível em: https://www.ecycle.com.br/pesquisa-obtem-agua-com-coletor-de-nevoa-no-deserto-chileno-do-atacama/. Acesso em 16 de mar. 2023.

ENAP. Escola Nacional de Administração Pública. Muda o *ranking* de melhores cidades para empreender no Brasil. Ed. 16 mar. 22. Disponível em: https://www.enap.gov.br/pt/acontece/noticias/muda-o-ranking-de-melhores-cidades-para-empreender-no-brasil. Acesso 22 de mar. 2023.

ENDEAVOR. Como construir indicadores de inovação. 2019 Disponível em: https://endeavor.org.br/inovacao/indicadores-inovacao/?. Acesso em 30 de jan. 2023.

ETZKOWITZ, H.; ZHOU, C. Hélice Tríplice: inovação e empreendedorismo universidade-indústria-governo. **Estudos Avançados**, v. 31, n. 90, p. 23-48, 2017. DOI: https://doi.org/10.1590/s0103-40142017.3190003.

ETZKOWITZ, H.; ZHOU, C. Triple Helix twins: innovation and sustainability. **Science and Public Policy**, v. 33, n. 1, p. 77-83, Feb. 2006. DOI: https://doi.org/10.3152/147154306781779154.

FARAHMAND, N. F. Organizational Renovation as Competitive Strategic Approach. **Management**, v. 2, n. 1, p. 20-30, 2012. DOI: https://doi.org/10.5923/j.mm.20120201.03.

FDC. Fundação Dom Cabral. Vale lidera *ranking* das empresas mais inovadoras do Brasil. Boletim Seja Relevante by FDC. Ed. 9 de jan. 2023. Disponível em: https://sejarelevante.fdc.org.br/vale-lidera-ranking-das-empresas-mais-inovadoras-do-brasil/. Acesso em 9 de mar. 2023.

FELDMANN, P. R. O atraso tecnológico da América Latina como decorrência de aspectos geográficos e de fatores microeconômicos interligados. **Economia e Sociedade**, Campinas, v. 18, n. 1 (35), p. 119-139, abr. 2009. Disponível em https://www.scielo.br/j/ecos/a/tXfhJY4QzCpcj8XVSFGYz8P/?format=pdf&lang=pt. Acesso em 23 de mar. 2023.

FELDMANN, P. R.; JACOMOSSI, R. R.; BARRICHELLO, A.; MORANO, R. S. A relação entre a inovação e a competitividade global: o papel mediador das práticas de gestão avaliadas por modelagem de equações estruturais. **Revista Brasileira de Gestão de Negócios**, v. 21, n. 2, p. 195-212, abr.-jun. 2019. DOI: https://doi.org/10.7819/rbgn.v21i2.3970.

FERNANDES, A. C., CAMPELLO DE SOUZA, B.; STANFORD DA SILVA, A.; SUZIGAN, W.; ALBUQUERQUE, E. Academy-industry links in Brazil: evidence about channels and benefits for firms and researchers. **Science and Public Policy,** v. 37, n. 1, August 2010, p. 485-498. DOI: https://doi.org/10.3152/030234210X512016.

FIGUEIREDO, P. C. N. O "Triângulo de Sábato" e as alternativas brasileiras de inovação tecnológica. **Revista de Administração Pública**, v. 27, n. 3, p. 84-97, jul.-set., 1993.

FINEP. Financiadora de Estudos e Projetos. Fundo Nacional de Desenvolvimento Científico e Tecnológico. Disponível em: http://www.finep.gov.br/a-finep-externo/fndct/estrutura-orcamentaria/quais-sao-os-fundos-setoriais/. Acesso em 26 de jan. 2023.

FINEP. Financiadora de Estudos e Projetos. Sobre a FINEP. Disponível em: http://www.finep.gov.br/a-finep-externo/sobre-a-finep. Acesso em 23 jan. 2023.

FLEURY, A.; FLEURY, M. T. L. **Estratégias empresariais e formação de competências:** um quebra-cabeça caleidoscópico na indústria brasileira. São Paulo: Atlas, 2000.

FÓRUM DE INOVAÇÃO FGV/EAESP. **Modelo de diagnóstico da organização inovadora**. Rio de Janeiro: FGV, 2014.

FRATE, F.; BIDO, D. B. Antecedentes e Consequente da Capacidade Absortiva Individual e Efeito Moderador da Autonomia no Trabalho. Trabalho apresentado no XLVI Encontro da ANPAD, *online*, 21 a 23 de setembro de 2022.

FRAZÃO, C. N. F. Empreendedorismo de base tecnológica e os *spillovers* de Conhecimento em ecossistemas empreendedores inovadores: uma análise a partir do Porto Digital. Tese (Doutorado). Programa de Pós-Graduação em Administração da Universidade Municipal de São Caetano do Sul, SP, 2022.

FREEMAN, C. Technical Innovation, Diffusion, and Long Cycles of Economic Development. In: Vasko, T. (eds) **The Long-Wave Debate**. Berlin, Heidelberg: Springer. 1987. DOI: https://doi.org/10.1007/978-3-662-10351-7_21

FREEMAN, C.; SOETE, L. **A economia da inovação industrial**. Campinas: Unicamp, 2008.

FREEMAN, C.; SOETE, L. **The economics of industrial innovation**. Cambridge: MIT Press, 1997.

FREEMAN, C; PEREZ, C. Structural crisis of adjustment: business cycles and investment behavior. In: DOSI, G. et al. (Editors). **Technical change and economic theory**. London: Pinter Publisher, 1988.

FREIRE, C. T.; MARUYAMA, F. M.; POLLI, M. Inovação e empreendedorismo: políticas públicas e ações privadas. Dossiê Política Industrial, **Novos estudos CEBRAP**, v. 36, n. 3, p. 51-76, Set.-Nov. 2017 · DOI: https://doi.org/10.25091/S0101-3300201700030004.

FREIRE, J. R. S. Análise do processo de geração de conhecimento para inovação tecnológica em instituições de pesquisa agropecuária. Tese (Doutorado). Programa de Pós-graduação em Administração da Universidade Municipal de São Caetano do Sul, SP. 2015.

FREIRE, J. R. S., FARINA, M. C.; PASCOTTO, S. M. P.; SANTOS, I. C. Busca de conhecimento técnico e científico: uma análise da rede informal interorganizacional. **Revista de Gestão e Projetos**, v. 5, n. 1, p. 42-54, 2014. DOI: 10.5585/gep.v5i1.191.

G1 MEIO AMBIENTE. Coletores de neblina: o que são os painéis que captam água e dão vida ao norte árido do Chile. Ed. 5 de jul. 2022. Disponível em: https://g1.globo.com/meio-ambiente/noticia/2022/07/05/coletores-de-neblina-o-que-sao-os-paineis-que-captam-agua-e-dao-vida-ao-norte-arido-do-chile.ghtml. Acesso em 16 de mar. 2023.

GABRIEL, L. F.; JAYME JR, F. G.; OREIRO, J. L. C. Mudança Estrutural, Hiato Tecnológico e Capital Humano em um Modelo Norte-Sul de Crescimento com Restrição de Balanço de Pagamentos. **Estudos Econômicos**, v. 49, n. 3, p. 465-499, jul.- set. 2019. DOI: http://dx.doi.org/10.1590/0101-41614932lfj.

GOMES, F. V. Modelo de autoavaliação de sistemas de gestão da inovação de organizações, baseado na Norma ABNT NBR ISO 56002:2020. Dissertação (Mestrado) – Pontifícia Universidade Católica do Rio de Janeiro, Centro Técnico Científico, Programa de Pós-Graduação em Metrologia, 2021.

GOMES, V. C.; OLIVEIRA, L. G.; MACHADO, S. H. S.; SOUSA, L. C. Os fundos setoriais e a redefiniçao do modelo de promoção de ciência, tecnologia e inovação no Brasil: uma análise à luz do CT-Agro. **R. Adm.**, São Paulo, v. 50, n. 3, p. 353-368, jul./ago./set. 2015. DOI: https://doi.org/10.5700/rausp1205.

GRANGER, G-G. Por um conhecimento filosófico. Campinas: Papirus, 1989.

GRANSTRAND, O; HOLGERSSON, M. Innovation ecosystems: A conceptual review and a new definition. **Technovation**, v. 90-91, Feb.-Mar. 2020. DOI: https://doi.org/10.1016/j.technovation.2019.102098.

HERCULANO-HOUZEL, S. O que o cérebro humano tem de tão especial? In: TED Conferences, 2013. Disponível em: https://www.ted.com/talks/suzana_herculano_houzel_what_is_so_special_about_the_human_brain?language=pt-BR. Acesso em: 27 de maio 2018.

HICKSON, R. S. O top da tecnologia no século XXI. Atualizado em 10 nov. 2021. Disponível em https://www.hojeemdia.com.br/opiniao/opiniao/o-top-da-tecnologia-no-seculo-xxi-1.634589. Acesso em 15 de mar. 2023.

HITT, M. A.; IRELAND, R. D.; HOSKISSON, R. E. **Administração estratégica**: competitividade e globalização. São Paulo: Pioneira Thomson Learning, 2002.

HITT, M. A.; IRELAND, R. D.; HOSKISSON, R. E. **Administração estratégica**: competitividade e globalização: conceitos. São Paulo, SP: Cengage, 2018.

IBGE. Instituto Brasileiro de Geografia e Estatística. PINTEC – Pesquisa de Inovação 2017. Disponível em https://www.ibge.gov.br/estatisticas/multidominio/ciencia-tecnologia-e-inovacao/9141-pesquisa-de-inovacao.html?=&t=o-que-e. Acesso em 25 de jan. 2023.

IBGE. Instituto Brasileiro de Geografia e Estatística. PINTEC – Pesquisa de Inovação 2017. Análise complementar: sustentabilidade e inovação Ambiental. Rio de Janeiro: IBGE, 2020.

JACKSON, D. J. 'What is an Innovation Ecosystem? Working paper. National Science Foundation, Arlington, (VA). 2011. Disponível em: https://erc-assoc.org/sites/default/files/topics/policy_studies/DJackson_Innovation%20Ecosystem_03-15-11.pdf. Acesso em 14 de fev. 2023.

JACQUES, L. Saúde: comer gordura e o aumento do cérebro – a encefalização na evolução humana. Ed. 20 jan. 2015. Disponível em: https://nossofuturoroubado.com.br/saude-comer-gordura-e-o-aumento-do-cerebro-a-encefalizacao-na-evolucao-humana/. Acesso em 20 de jan. 2023.

JULIO, L. M. *Catch-up* tecnológico nos países de industrialização recente – o caso da indústria de computadores pessoais em Taiwan. Dissertação (mestrado) – Universidade Estadual de Campinas, Instituto de Geociências. Campinas, SP, 2012.

KAYO, E. K.; KIMURA, H.; MARTIN, D. M. L.; NAKAMURA, W. T. Ativos intangíveis, ciclo de vida e criação de valor. **Revista de Administração Contemporânea** – RAC, v. 10, n. 3, p. 73-90, 2006.

KESÄMAA, H.; MATTILA, M. Guia de cocriação para clubes desportivos. Mikkeli: Universidade de Ciências Aplicadas do Sudeste da Finlândia, 2022.

KLINE, S. J. Innovation Is Not a Linear Process. **Research Management**, v. 28, n. 4, 1985. DOI: https://doi.org/10.1080/0034 5334.1985.11756910.

KLINE, S. J.; ROSENBERG, N. "An Overview of Innovation". *In* Landau, R; Rosenberg, N. (orgs.), The Positive Sum Strategy. Washington, DC: National Academy of Press, 1986.

KUPFER, D.; HASENCLEVER, D. L. **Economia industrial**: fundamentos teóricos e práticas no Brasil. Rio de Janeiro: Campus, 2002.

LEÃO, N. C. A. Ecossistemas de Serviço: uma análise do engajamento e cocriação de valor em comunidades de startups. Tese (doutorado). Programa de Pós-graduação *Stricto Sensu* em Administração da Universidade Municipal de São Caetano do Sul, São Paulo, 2020.

LEMOS, M. B.; CAMPOS, B.; BIAZI, E.; SANTOS, F. Capacitação tecnológica e *Catching Up*: o caso das regiões metropolitanas emergentes brasileiras. **Economia Política**, v. 26, n. 1, p. 95-118, jan.-mar. /2006. Disponível em: https://www.scielo.br/j/rep/a/68tDPLT8Q 75bz6q5NcK3CDh/?format=pdf&lang=pt. Acesso em 16 de mar. 2023.

LEVITT, T. A imitação inovadora. **Harvard Business Review.** Set. 1966. Disponível em: https://hbr.org/1966/09/innovative-imitation?language=pt. Acesso em 29 de jan. 2023.

LEYDESDORFF, L.; ETZKOWITZ, H. The Triple Helix as a model for innovation studies. Conference report. **Science and Public Policy**, v. 25, n. 3, pp. 195- 203, Guildford, England: Beech Tree Publishing, June 1998.

LUNDVALL, B. A. National Systems of Innovation: Toward a Theory of Innovation and Interactive Learning. New York: Anthem Press, 2010.

LUNDVALL, B. A. National Systems of Innovation: Towards a Theory of Innovation and Interactive Learning. London: Pinter Publishers, 1992.

LUSTOSA, M. C. S. Intenção Empreendedora dos alunos do curso de Tecnologia em Mecatrônica Industrial do Senai São Caetano do Sul. Dissertação (mestrado). Programa de Pós-graduação *Stricto Sensu* em Administração da Universidade Municipal de São Caetano do Sul, São Paulo, 2019.

LUZ, M. S.; SANTOS. I. C. Um ensaio teórico sobre a Inovação por meio da Engenharia inversa. XXVII ENEGEP. 9 a 11 de outubro de 2007. Foz do Iguaçu, PR.

MAÇANEIRO, M. B.; CUNHA, J. C. Os modelos *technology-push* e *demand-pull* e as estratégias de organizações ambidestras: a adoção de inovações tecnológicas por empresas brasileiras. **Capital Científico**, v. 9, n. 1, p. 27-41. 2011. Disponível em: https://revistas.unicentro.br/index.php/capitalcientifico/article/view/1087. Acesso em 25 de jan. 2023.

MACEDO, L. A. S. Mobilidade de trabalhadores qualificados nas empresas inovadoras brasileiras. Dissertação (Mestrado). Programa de Graduação em Economia, da Universidade Federal de São Carlos. Sorocaba (SP), 2021.

MACROTRENDS. Raytheon Technologies: Number of Employees 2010-2022. Disponível em https://www.macrotrends.net/stocks/charts/RTX/raytheon-technologies/number-of-employees. Acesso em 25 de jan. 2023.

MALECKI, E. J. **Technology and Economic Development**: The Dynamics of Local, Regional, and National Change. London: Longman, 1997.

MATTOS, J. R. L.; GUIMARÃES, L. S. **Gestão da tecnologia e inovação**: uma abordagem prática. São Paulo: Saraiva, 2005.

MAZZUCATO, M. O **Estado Empreendedor**: desmascarando o mito do setor público *vs* setor privado. 1ª ed. São Paulo: Portfólio-Penguin, 2014.

MCTI. Ministério da Ciência, Tecnologia e Inovações. Estratégia Nacional de Ciência e Tecnologia 2016-2022. **Executive Summary**. Brasília, DF: Centro de Gestão e Estudos Estratégicos, 2018. Disponível em: https://antigo.mctic.gov.br/mctic/export/sites/institucional/ciencia/SEPED/Arquivos/PlanosDeAcao/PACTI_Sumario_executivo_Web.pdf. Acesso em 21 de dez. 2022.

MCTI. Ministério de Ciência, Tecnologia e Inovação. Estratégia Nacional de Ciência, Tecnologia e Inovação 2016/2022: Sumário Executivo. Brasília, DF: Centro de Gestão e Estudos Estratégicos, 2018.

MCTI. Ministério de Ciência, Tecnologia e Inovação. Lei do Bem. Disponível em https://www.gov.br/mcti/pt-br/acompanhe-o-mcti/lei-do-bem. Acesso em 7 de fev. 2023.

MCTI/CNPq. Ministério de Ciência Tecnologia e Inovação. Conselho Nacional de Desenvolvimento Científico e Tecnológico. Ed. 29 set. 2020. Disponível em https://www.gov.br/mcti/pt-br/composicao/rede-mcti/conselho-nacional-de-desenvolvimento-cientifico-e-tecnologico. Acesso em 21 de jan. 2023.

MELO, H. S. Dicionário de tecnologia e inovação. Fortaleza: Sebrae, 2010. Disponível em https://pt.slideshare.net/leoclbox/dicionario-de-tecnologia-e-inovao. Acesso em 1 de mar. 2023.

MELO, T. M.; FUCIJDI, J. R.; POSSAS, M. L. Política industrial como política de inovação: notas sobre hiato tecnológico, políticas, recursos e atividades inovativas no Brasil. **Revista Brasileira de Inovação**. Campinas (SP), v. 14, n. esp., p. 11-36, julho 2015. DOI: https://doi.org/10.20396/rbi.v14i0.8649098.

MERCO. Monitor Empresarial de Reputação Corporativa. As empresas e líderes com melhor reputação no Brasil em 2022. Ed. 9 mar. 2023. Disponível em https://www.merco.info/br/. Acesso em 15 de mar. 2023.

MERTINS, K., HEISIG, P., VORBECK, J. **Knowledge Management:** concepts and best practices. 2ª ed. Berlin. Spring-Verlag, 2003.

MIDR. Ministério da Integração e do Desenvolvimento Regional. Legislação. Disponível em: https://www.gov.br/mdr/pt-br/assuntos/fundos-regionais-e-incentivos-fiscais/fundos-constitucionais-de-financiamento-fno-fne-e-fco/legislacao. Acesso em 7 de fev. 2023.

MORIN, E. **Introdução ao pensamento complexo**. Lisboa: Instituto Piaget, 1990.

MORIN, E. **O método iii: o conhecimento do conhecimento/1**. Portugal: Publicações Europa – América, 1996.

NAKANO. C.; SANTOS, I. C.; BRITO, B. A. V.; SZMUSZKOWICZ, M.; PEREIRA, R. S. Empreendedorismo, inovação e desenvolvimento econômico local: relações diretas? **Journal on Innovation and Sustainability**, v. 13, n. 3, p. 125-141. 2022. Disponível em: https://revistas.pucsp.br/index.php/risus/article/view/58597/40738. Acesso 29 jan 2023. Acesso em 7 de fev. 2023.

NELSON, R. R. National Innovation Systems: A Comparative Analysis. University of Illinois at Urbana-Champaign's Academy for Entrepreneurial Leadership Historical Research Reference in Entrepreneurship. 1993. Disponível em: https://ssrn.com/abstract=1496195. Acesso em 12 de dez. 2022.

NELSON, R., WINTER, S. **An evolutionary theory of economic change**. Cambridge: Belknap Press, 1982.

NONAKA, I.; KONNO, N. The concept of "BA": building a foundation for knowledge creation. California Management Review, v. 40, n. 3, p. 40-54. 1998.

NONAKA, I.; TAKEUCHI, H. Criação de conhecimento na empresa. Rio de Janeiro: Campus, 1997.

NONAKA, I.; TAKEUCHI, H. **Gestão do Conhecimento**. São Paulo: Bookman, 2008.

O'BYRNE, L.; MILLER, M.; DOUSE, C.; VENKATESH, R.; KAPUCU, N. Social innovation in the public sector: The case of Seoul metropolitan government. **Journal of Economic and Social Studies**, v. 4, n. 1, p. 53-71, 2014.

OCDE. Organização para a Cooperação e Desenvolvimento Econômico. Manual de Oslo. Proposta de Diretrizes para Coleta e Interpretação de Dados sobre Inovação Tecnológica. Brasília: FINEP, 2005. Disponível em: http://www.finep.gov.br/images/a-finep/biblioteca/manual_de_oslo.pdf. Acesso em 24 de jan. 2023.

OCDE. Organização para a Cooperação e Desenvolvimento Econômico. Oslo Manual 2018. Guidelines for collecting, reporting and using data on innovation. 4th edition. Disponível em https://www.ovtt.org/wp-content/uploads/2020/05/Manual_Oslo_2018.pdf. Acesso em 24 de jan. 2023.

OLIVEIRA E SILVA, A. B.; BASTOS, J. S. Y. Desenvolvimento econômico e administração das organizações: a gestão do conhecimento e o paradigma técnico-econômico da microeletrônica. **Perspectivas em Ciência da Informação**; v. 10, n. 2, p. 208-219. 2005. Disponível em: http://hdl.handle.net/20.500.11959/brapci/37599. Acesso em: 20 de nov. 2022.

PAGANOTTI, J. A. O processo inovativo na indústria automobilística: um estudo de caso em empresas automotivas da região do ABC. Dissertação (Mestrado). Programa de Pós-graduação *Stricto Sensu* em Administração da Universidade Municipal de São Caetano do Sul, São Paulo. 2014.

PERDOMO, W. M. O Marco Legal de Ciência, Tecnologia e Inovação. SEBRAE. Disponível em: https://sebraepr.com.br/comunidade/artigo/marco-legal-de-ciencia-tecnologia-e-inovacao. Acesso em 8 de fev. 2023.

PEREIRA, R. S.; FRANCO, I. D.; ALMEIDA, L. C. B.; SANTOS, I. C. O ensino de "inovação" na Administração, Ciências Contábeis, Turismo e Tecnologia em gestão: um estudo exploratório em instituições de ensino superior brasileiras. **Revista de Administração e Inovação**, v. 9, n. 4, p. 221-244, out./dez. 2012. DOI: https://doi.org/10.5773/rai.v9i4.1083.

PEREZ, C. Technological revolutions and techno-economic paradigms. **Cambridge Journal of Economics,** v. 34, n. 1, p. 185-202, 2009.

PINHEIRO, J. Modelos de Gestão do Conhecimento. Blog da SBGC. Sociedade Brasileira de Gestão do Conhecimento. Novidades sobre Gestão do Conhecimento em primeira mão. Disponível em: http://www.sbgc.org.br/blog/modelos-de-gestao-do-conhecimento. Acesso em 22 de fev. 2023.

PORTER, M. E. **Vantagem competitiva**: criando e sustentando um desempenho superior. Rio de Janeiro: Campus, 1989.

PRAHALAD, C. K.; RAMASWAMY, V. The Future of Competition. Boston (MA): Harvard Business School Press, 2004.

PROULX, M. U. Milieux innovateurs: concept et application. **Revue internationale P.M.E.**, v. 7, n. 1, p. 63-84, 1994. DOI: https://doi.org/10.7202/1008370ar.

QUINTAL, R. S.; SANTOS, M.; TERRA, B. R. C. S. S. R. Ciência, Tecnologia e Inovação na Região Sudeste: uma análise de ambientes de inovação situados nos municípios de São José dos Campos (SP), Itajubá (MG) E Petrópolis (RJ). **Revista Pesquisa Naval**, Brasília – DF, n. 27, 2015, p. 93-106.

RAINATTO, G. C.; SILVA, F. R.; ANDRADE, N. A. Opções de financiamento da inovação: uma visão do pequeno e médio empresário. Cap. 14. *In:* SILVA, C. R. M. (org.). **Administração, empreendedorismo e inovação 2**. Ponta Grossa (PR): Atena, 2019.

RITALA, P.; ALMPANOPOULOU, A. In defense of 'eco' in innovation ecosystem. Technovation, v. 90, n. 91, p. 39-42, 2017. DOI: https://doi.org/10.1016/j.technovation.2017.01.004.

ROCHA, A. F. R.; SANTOS, I. C.; VIEIRA, A. M. Semi open Innovation: an approach to the Innovation Typology. **Future Studies Research Journal**: Trends and Strategies, [S. l.], v. 10, n. 1, p. 55-81, 2018. DOI: 10.24023/FutureJournal/2175-5825/2018.v10i1.308. Disponível em: https://www.revistafuture.org/FSRJ/article/view/308. Acesso em: 31 de jan. 2023.

ROGERS, D. L. **Transformação digital**: repensando o seu negócio para a era digital. Belo Horizonte: Autêntica, 2022.

ROMER, P. M. Growth Based on Increasing Returns Due to Specialization. **The American Economic Review**, v. 77, n. 2, p. 56-62. Papers and Proceedings of the 99th Annual Meeting of the American Economic Association, May, 1987.

SALAMA, P. New technologies: the bipolarization of employment and job income? **Problemas del Desarrollo,** vol. 49, n. 195, Oct. – Dec., 2018. DOI: https://doi.org/10.22201/iiec.20078951e.2018.195.64825

SANCHES, P. L. B.; MACHADO, A. G. C. Estratégias de Inovação e RBV: Evidências em uma empresa de base tecnológica. **Revista de Administração e Inovação**, v. 10, n. 4, p. 183-207, 2013.

SANTOS, I. C. Desfronteirização organizacional: o domínio da relação tempo e espaço pelas organizações transnacionais. **Revista Ibero-Americana de Estratégia**, v. 2, n 1, p. 93-104, 2003. Disponível em: http://www.spell.org.br/documentos/ver/26667/ desfronteirizacao-organizacional--o-dominio-da-relacao-tempo-e-espaco-pelas-organizacoes-transnacionais/i/pt-br. Acesso em 1 fev. 2023.

SANTOS, I. C. Gestão do Conhecimento na Indústria Aeronáutica Brasileira: Competências tecnológicas, recursos humanos diferenciados e a gestão de um negócio nascido para ser global. São Paulo: Novas Edições Acadêmicas, 2018.

SANTOS, I. C. Notas de aula. Disciplina Sistemas e Redes de Inovação. Programa de Pós-graduação da Universidade Municipal de São Caetano do Sul (Mestrado e Doutorado). São Caetano do Sul: USCS, 2011.

SANTOS, I. C. Notas de aula. Disciplina Sistemas e Redes de Inovação. Programa de Pós-graduação da Universidade Municipal de São Caetano do Sul (Mestrado e Doutorado). São Caetano do Sul: USCS, 2015.

SANTOS, I. C. Notas de aula. Ecossistemas de Inovação e de Empreendedorismo. Programa de Pós-graduação da Universidade Municipal de São Caetano do Sul (*Stricto Sensu*). São Caetano do Sul: USCS, 2021a.

SANTOS, I. C. Notas de aula. Inovação, Inteligência Empresarial e Gestão do Conhecimento. Instituto de Educação Continuada (IEC) PUC Minas. 2022.

SANTOS, I. C. Um modelo estruturado de gestão do conhecimento em indústrias de base tecnológica: estudo de caso de uma empresa do setor aeronáutico. Tese (Doutorado). Departamento de Engenharia de Produção. Escola Politécnica da Universidade de São Paulo. São Paulo, 2004.

SANTOS, I. C.; LIMA, V. A.; FREIRE, J. R. S. The Brazilian scientific agricultural research ecosystem: an evolutionary trajectory in ST&I. Revista Brasileira de Gestão e Desenvolvimento Regional, G&DR, v. 16, n. 2, p. 79-88, mai.-ago. 2020. Disponível em: https://www.rbgdr.com.br/revista/index.php/rbgdr/article/view/5396/934. Acesso em 20 nov. 2022.

SANTOS, I. C.; LUSTOSA, M. C. S.; SILVEIRA, G. B. Intenção Empreendedora dos Graduandos em Tecnologia. Educitec – Revista de Estudos e Pesquisas sobre Ensino Tecnológico, Manaus, Brasil, v. 7, e143721, 2021. DOI: https://doi.org/10.31417/educitec.v7.1437

SANTOS, I. C.; MORAIS, P. R.; CABRAL, A. S.; OLIVEIRA, E. A. A. Q. Empreendedorismo, inovação tecnológica e desenvolvimento regional. XXX ENEGEP; São Carlos, SP, Brasil, outubro de 2010. Disponível em: https://abepro.org.br/biblioteca/enegep2010_tn_sto_120_780_16645.pdf. Acesso em 29 de jan. 2023.

SANTOS, I. C.; PAGANOTTI, J. A. The innovative process in the automotive industry: an analysis of the Great ABC Region automotive cluster. Gestão & Regionalidade, v. 35, n. 105, ed. especial, p. 200-219, 2019. DOI: https://doi.org/10.13037/gr.vol35n105.5303.

SANTOS, I. C.; PAULA, R. M. A Especialização Tecnológica Local como Indutora do Empreendedorismo e do Desenvolvimento Regional: O Caso do Vale da Eletrônica Brasileiro. **Gestão & Regionalidade**, vol. 28, n. 82, 2012. DOI: https://doi.org/10.13037/gr.vol28n82.1413

SANTOS, I. C.; PAULA, R. M.; OLIVEIRA, E. A. A. Q; MORAES, M. B.; LUZ, M. S. De rural a urbana: impactos da criação do polo aeronáutico brasileiro sobre a localidade. Trabalho apresentado no 64° Congresso da Associação Brasileira de Metalurgia, Materiais e Mineração, julho de 2009, Belo Horizonte.

SANTOS, I. C.; SILVEIRA, G. B. From plow to fiber optics: the blossoming of post-modern agriculture and economic revitalization in the interior of São Paulo state. In: Regional Development and Forgotten Spaces Global Policy Experiences and Implication. Carmela Sánchez, Paulo Mourão and Bruno Blanco (ed.). Oxfordshire, England (UK): Routlegde, 2023.

SANTOS, M. A aceleração contemporânea: tempo-mundo e espaço-mundo. *In:* **Desafios da globalização.** DOWBOR, L.; IANNI, O.; RESENDE, A. P. E. (orgs.). Petrópolis: Vozes, 1999.

SANTOS, M. A aceleração contemporânea: tempo-mundo e espaço-mundo. In: **Desafios da globalização.** Ladislaw Dowbor, Octávio Ianni, Paulo-Edgar A. (Org.). Resende. Petrópolis: Vozes, 1999.

SAXENIAN, A. Regional advantage. Culture and competition. In Silicon Valley and Route 128. [1994] Cambridge: Harvard University Press, 1996.

SBRAGIA, R.; STAL, E.; CAMPANÁRIO, M. A.; ANDREASSI, T. **Inovação.** Belo Horizonte: Clio, 2006.

SCHAEFFER, P. Determinantes Estruturais do Nível de Interação entre Universidades e Empresas. Dissertação (Mestrado) – Programa de Pós-Graduação em Administração da Universidade do Rio Grande do Sul. Porto Alegre, 2015.

SCHMOISMAN, A. Crescimento linear e o confronto com a velocidade das mudanças tecnológicas exponenciais. Mercado Comum. https://www.mercadocomum.com/crescimento-linear-e-o-confronto-com-a-velocidade-das-mudancas-tecnologicas-exponenciais/. Acesso em 4 de nov. 2023.

SCHUMPETER, J. A. **Teoria do desenvolvimento econômico**: uma investigação sobre lucros, capital, crédito, juro e o ciclo econômico. São Paulo: Abril, 1982.

SEBRAE. Pesquisa GEM: Oportunidade ou necessidade? Ed. 20 nov. 2017. Disponível em: https://sebraers.com.br/momento-da-empresa/oportunidade-ou-necessidade/. Acesso em 16 de nov. 2022.

SENGE, Peter. **A quinta disciplina**: arte, teoria e prática da organização de aprendizagem. São Paulo: Best Seller, 1990.

SILVEIRA, G. B. Dimensões e Mecanismos de Interação em Ecossistemas Empreendedores e Inovadores no Agronegócio/ Glaucia Bambirra Silveira. – São Caetano do Sul: USCS/ Universidade Municipal de São Caetano do Sul, 2021.

SILVEIRA, G. B.; SANTOS. I. C., LEÃO, N. C. A. Empreendedorismo no Brasil em Crise (2014-2017): uma análise de resultados sob o enfoque da competitividade, inovação e prosperidade. **Desenvolvimento em Questão**. Ano 22, n. 58, 2022.

SOLOW, R. M. A Contribution to the Theory of Economic Growth. **The Quarterly Journal of Economics**, v. 70, n. 1, p. 65-94, fev. 1956.

SPRU. Science Policy Research Unit. Universidade de Sussex. Disponível em: https://www.sussex.ac.uk/business-school/people-and-departments/spru. Acesso em 12 dez. 2023.

STARTSE. Inovação. A História da Kodak: Como ela foi de uma das empresas mais inovadoras a falência. Disponível em: https://www.startse.com/artigos/kodak-de-uma-das-empresas-mais-inovadoras-a-falencia/. Acesso em 20 de fev. 2023.

SUZIGAN, W.; ALBUQUERQUE E. **A interação entre universidades e empresas em perspectiva histórica no Brasil.** Belo Horizonte: UFMG/ Cedeplar, 2008.

TAKAHASHI, S., TAKAHASHI, V. P. (orgs.). **Estratégia de Inovação:** oportunidades e competências. Barueri: Manole, 2011.

TERRA, J. C. C. **Gestão da inovação**: a economia da tecnologia no Brasil. Rio de Janeiro: Elsevier, 2006.

TERRA, J. C. C. **Gestão do conhecimento**: o grande desafio empresarial. São Paulo: Negócio, 2000.

The Coca-Cola Company. Vulnerability Disclosure Policy. Jul. 25, 2021. Disponível em: https://www.coca-colacompany.com/policies-and-practices/vulnerability-disclosure. Acesso em 31 jan. 2023.

TIDD, J.; BESSANT, J.; PAVITT, K. **Managing innovation**: integrating, market and organization change. 3rd ed. West Sussex: John Wiley & Sons Ltd. 2005.

TIGRE, P. B. **Gestão da Inovação**: a economia da tecnologia no Brasil. Rio de Janeiro: Elsevier, 2006.

TIRONI, Luís F. Inovação e grau de novidade do principal produto e do principal processo. **Parcerias Estratégicas**, n. 23, dez. 2006, Brasília (DF).

TREACY, M.; WIERSEMA, F. **The discipline of market leaders**: choose your customers, narrow your focus, dominate your market. Massachusetts: Addison-Wesley, 1995.

TUMELERO, C.; SANTOS, S. A.; KUNIYOSHI, M. S. Sobrevivência de empresas de base tecnológica pósincubadas: estudo sobre a ação empreendedora na mobilização e uso de recursos. **Revista de Gestão**, v. 23, n. 1, p. 31-40, jan.-mar., 2016. DOI: https://doi.org/10.1016/j.rege.2014.11.001.

UNESCO. United Nations Educational, Scientific and Cultural Organization. Ciência, tecnologia e inovação no Brasil. Disponível em https://pt.unesco.org/fieldoffice/brasilia/expertise/science-technology-innovation. Acesso em: 20 de dez. 2022.

UNIDO. United Nations Industrial Development Organizations. Classification of manufacturing sectors by technological intensity (ISIC Revision 4). 2016. Disponível em https://stat.unido.org/content/learning-center/classification-of-manufacturing-sectors-by-technological-intensity-%28isic-revision-4%29;jsessionid=B99E902A3918AB9F3DF9859923DFC4F4. Acesso em: 19 de nov. 2022.

VASCONCELLOS, M. A.; DI SÉRIO, L. C.; PEREIRA, S. M. S.; BARALDI, A. Competências da organização inovadora em empresas da fundação nacional da qualidade. **Revista Brasileira de Gestão e Inovação**, v. 5, n. 1, set.-dez., p. 74-100, 2017.

VENTURA, J. B. Imitação criativa: uma forma (alternativa) de inovação. **Redacção Registo.** Disponível em https://www.registo.com.pt/opiniao/imitacao-criativa-uma-forma-alternativa-de-inovacao/. Acesso em 30 de jan. 2023.

WIPO. World Intellectual Property Organization. Global Innovation Index 2022: What is the future of innovation-driven growth. Geneva (Switzerland): WIPO. DOI https://doi.org/10.34667/tind.46596.

WIPO. World Intellectual Property Organization. Statistical Country Profiles. Brazil. 2021. Disponível em: https://www.wipo.int/ipstats/en/statistics/country_profile/profile.jsp?code=BR. Acesso em 9 de mar. 2023.

WRIGHT, P.; KROLL, M. J.; PARNELL, J. **Administração Estratégica**: conceitos. São Paulo: Atlas, 2000.

YLX. *Crowdsourcing* na Prática: Caso do Fiat Mio. Ed. 20 jul. 2020. Yuria Lázaro. Disponível em: https://yurilazaro.com.br/2020/07/20/crowdsourcing-na-pratica-caso-do-fiat-mio-20-de-julho-de-2020/. Acesso em 16 de mar. 2023.

ZAMBANINI. M. E.; BRESCIANI, L. P.; PALMISANO, A.; ETTINGER, T.; SANTOS, I. C. Inovação e desenvolvimento territorial: uma análise sobre São José dos Campos. **Revista Ensaios FEE**, Porto Alegre, v. 37, n. 2, p. 489-520, set. 2016.